MARA HÖRNER »life is full of goodies«

Pretty
BAKING

**Unglaublich schön,
genial einfach,
unfassbar lecker**

FOTOGRAFIE: KATRIN WINNER

MARA HÖRNER »life is full of goodies«

Pretty
BAKING

Unglaublich schön,
genial einfach,
unfassbar lecker

VORWORT

Hi, ich bin Mara!

Wer mich kennt, der weiß womöglich, dass ich schon seit 2013 meinen Blog LIFE IS FULL OF GOODIES (lifeisfullofgoodies.com) schreibe. Egal ob im Bereich »Food«, »Garden« oder »Lifestyle« – alles dreht sich dort um die schönen Dinge im Leben.

Das Thema »Food« bildet allerdings meinen absoluten Schwerpunkt, denn ich LIEBE gutes Essen! So findet ihr auf meinem Blog mittlerweile 1.500 von mir erprobte Rezepte. Diese reichen von herzhaft bis süß, sodass wirklich für jeden Geschmack etwas dabei ist. Mein Herz schlägt jedoch vor allem für süße Backwaren. Schon als Kind liebte ich den verlockenden Duft, wenn meine Oma mal wieder einen ihrer legendären Kuchen aus dem Ofen holte oder wenn meine Mama frische Waffeln mit heißen Kirschen zubereitete. So war es fast klar, dass ich als Teenager irgendwann selbst damit begann, in der Küche zu werkeln und zu backen.

Nun, ein paar Jährchen (oder sind es gar Jahrzehnte ...?!) später habe ich schon unzählige Stunden in meiner Küche verbracht. Und das nicht nur, weil ich ständig Kuchen essen möchte, sondern auch deshalb, weil es eine große Passion für mich wurde, die besten, schönsten und leckersten Kuchen überhaupt zu kreieren. Ich hoffe, dass ich euch mit meiner Backleidenschaft anstecken kann und ihr ganz viele Rezepte aus diesem Buch ausprobieren werdet.

Ich wünsche euch viel Spaß damit!

Eure
Mara

HEY MARA, ERZÄHL DOCH MAL!

Wann hast du deine Leidenschaft fürs Kochen und Backen entdeckt?

Schon als Kind! Zum Kochen und Backen hat mich ganz klar meine Familie inspiriert. Bei uns wurde so oft es ging zusammen am Tisch gegessen. Das war meinen Eltern immer wichtig. Natürlich wurde dafür auch regelmäßig gut gekocht. Sowohl meine Mom als auch mein Paps kochen sehr gerne. Meine Vorliebe fürs Backen hat aber meine »Oma Neudorf« geweckt. Bei ihr gab es jede Woche die besten Kuchen und Mehlspeisen – viele ihrer Kreationen waren legendär. Von daher war klar, dass ich früher oder später selbst in der Küche stehen wollte, um gutes Essen zuzubereiten.

Wann und wie bist du auf die Idee gekommen, einen Foodblog zu betreiben?

Das war vor weit über 10 Jahren. Bei einer Rezeptsuche stolperte ich über den einen oder anderen amerikanischen Foodblog und fand die Idee total toll, seine eigenen Kreationen in Bild und Text festzuhalten. Das wollte ich auch tun. Irgendwann habe ich dann einfach ganz naiv angefangen. Bis ich meinen Blog aber tatsächlich startete, verging noch ein wenig Zeit. Mein erster Beitrag ging Anfang 2013 online.

Warum hast du »Life is full of Goodies« als Namen für deinen Blog gewählt?

Weil ich von Anfang an wusste, dass ich nicht »nur« über Essen schreiben möchte. Ich wollte über alle kleinen und größeren schönen Dinge im Leben schreiben.

Wie war es am Anfang deiner Blogger-Karriere?

Es war einfach ein Hobby. Dass daraus mal ein Beruf werden würde, konnte ich anfangs nicht ahnen. Ich habe damals nicht gedacht, dass man damit überhaupt Geld verdienen kann. Allerdings war es von Beginn an ein ehrgeiziges Vorhaben für mich. Ich wollte schon, dass mein Blog gefunden, gelesen und gemocht wird.

Du bist eigentlich Antwältin von Beruf. Anwältin und Foodbloggerin – wie passen die zwei Welten zusammen?

Ich habe mich fürs Jurastudium entschieden, weil ich etwas Bodenständiges machen wollte. Und weil ich im Streiten und im sich Durchsetzen echt gut bin ... Doch Spaß beiseite, auch wenn ich meine Brötchen mittlerweile mit dem Blog und dem ganzen Business drumherum verdiene, kann ich mein Anwaltsdasein bestens für meine eigenen Angelegenheiten nutzen. Da die ganze Bloggerei und Influencer-Geschichten international ein Riesenmarkt geworden sind, gibt es in rechtlicher Hinsicht auch ziemlich viel zu tun. Diese beiden Welten passen also wunderbar zusammen!

Wie viele Kuchen, Torten & Co. backst du denn eigentlich pro Woche?

Das ist ganz unterschiedlich. Manchmal stehe ich fast jeden Abend in der Küche und backe. In der nächsten Woche sitze ich beinahe ausschließlich am Schreibtisch oder verbringe die Zeit im Fotostudio. Das ist aber auch das Schöne an diesem Job. Er ist immer mal wieder anders und nie monoton.

Welche Kuchen, Torten oder Kekse isst du denn selbst am liebsten?

Ganz klar die Linzertorte meiner Mom, die früher schon meine Oma gebacken hat. Eine halbe Linzertorte auf einmal zu verspeisen wäre tatsächlich kein Problem für mich. Das ist auch das einzige Rezept, das unser Familiengeheimnis bleiben wird.

BASICS

Für leckere und besonders schöne Backwerke braucht man nicht unbedingt
außergewöhnliche Zutaten und Hunderte von Geräten. Wichtig ist, dass
man hochwertige Zutaten verwendet und eine gute Grundausstattung hat.

DIE UNVERZICHTBAREN

Ohne die folgenden Grundzutaten geht gar nichts! Bei allen Produkten sollte man immer auf Qualität achten – denn die besten Kuchen lassen sich nur mit hochwertigen Zutaten backen.

1 MEHL

Ideal für viele Kuchen und Gebäck ist das überall erhältliche Weizenmehl (Type 405) oder Dinkelmehl (Type 630). Für Hefeteige eignet sich Weizenmehl (Type 550) besonders gut.

2 EIER

Kaum ein klassischer Teig kommt ohne Eier aus. In der Regel verwende ich frische Bio-Eier in der Größe M. Für Rührteige sollten die Eier rechtzeitig aus dem Kühlschrank geholt werden, damit sie Zimmertemperatur annehmen können.

3 ZUCKER

Zucker macht Kleingebäck, Kuchen und Torten nicht nur süß, sondern trägt auch wesentlich zur Bräunung und zu einem schönen Crunch bei. Wer experimentierfreudig ist, kann herkömmlichen Zucker durch Rohrohrzucker, Kokosblütenzucker, Honig, Ahornsirup, Agavendicksaft oder andere Zuckeralternativen wie Xylit oder Erythrit ersetzen.

4 BUTTER

Ob Rührteig, Hefeteig oder Mürbeteig – Butter macht viele Teige weicher, zarter und mürber. Man kann sie in den meisten Fällen zwar auch gegen Margarine oder ein neutrales Pflanzenöl austauschen, allerdings hat Butter das feinste Aroma.

5 BACKPULVER & HEFE

Damit Kuchen und Gebäck schön locker werden, kann man auf verschiedene Triebmittel zurückgreifen. Backpulver eignet sich für Kuchenteige. Hefe lässt Gebäck aufgehen und macht es besonders fluffig, wenn man ihr etwas Zeit gönnt.

2.

3.

5.

4.

1.

13

ALLES CREMIG?

Milchprodukte sind die Basis für heiß geliebte Füllungen und Cremes in Torten, Tartes & Co. In Cheesecakes spielen einige von ihnen sogar die absolute Hauptrolle.

Quark

Sahne

Frischkäse

Ricotta

Schmand

Joghurt

Mascarpone

Saure Sahne

15

KLEINE HELDEN

Diese Extras sorgen für das gewisse Etwas: mehr Aroma, mehr Crunch, die schöne Farbe oder die richtige Konsistenz. Auch hier ist die Qualität der Zutaten von großer Bedeutung!

1 MANDELN & NÜSSE
Gemahlene Mandeln und Nüsse sorgen im Teig für Aroma und Saftigkeit. Auch als Toppings und Dekoration sind sie eine gute Wahl.

2 KUVERTÜRE
Ob Zartbitter-, Vollmilch- oder weiße Kuvertüre – sie eignet sich perfekt zum Dekorieren oder Überziehen von Kuchen, Torten oder Keksen. Wer Zeit und Geduld hat, kann die Kuvertüre temperieren (s. S. 158), so erhält sie einen besonders tollen Glanz.

3 KAKAOPULVER & SCHOKOLADE
Sie dürfen in Schokoladenkuchen, Brownies & Co. natürlich nicht fehlen. Für Kuchen am besten Schokolade mit hohem Kakaoanteil verwenden.

4 ZITRUSFRÜCHTE
Saft und abgeriebene Schale von Zitronen, Orangen und anderen Zitrusfrüchten verleihen Teigen und Füllungen Saftigkeit, eine feine Säure und ein erfrischendes Aroma. Bei Verwendung der Schale sollte man unbedingt zu Bio-Zitrusfrüchten greifen!

5 GEWÜRZE
Nicht nur beim Kochen sollte man clever würzen – beim Backen passt Vanille immer und überall dazu. In der Weihnachtsbäckerei dürfen außerdem Zimt, Nelken, Ingwer & Co. nicht fehlen.

6 GELATINE
Sie sorgt für Standfestigkeit und Stabilität in Füllungen, Cremes und Fruchtspiegeln. Beim Auflösen von Gelatine sollte man immer darauf achten, dass sie nicht zu heiß wird und keinesfalls kocht.

7 LEBENSMITTELFARBEN
Wer seine Backwerke gerne bunt verzieren möchte, investiert am besten in Bio-Lebensmittelfarbe aus natürlichen Zutaten, die es in den unterschiedlichsten Farben gibt. Je nach Art des Gebäcks empfehlen sich verschiedene Konsistenzen, zum Beispiel eignet sich für Macarons am besten Gel-Lebensmittelfarbe.

1.

2.

3.

4.

5.

6.

7.

17

GERÄTE & UTENSILIEN

Hinter erfolgreichen Bäckerinnen und Bäckern steht meistens auch gutes Equipment. Mittlerweile gibt es viele unterschiedliche Utensilien, Geräte und Maschinen, aber oft reicht eine hochwertige Grundausstattung.

Backblech

Teigschaber/Winkelpalette

Kuchengitter

Siebe

Waage

Pinsel

Spritzbeutel

Küchenmaschine/Handmixer

Schneebesen

Rührschüssel

Backmatte/
Backpapier

Nudelholz

19

GUT IN FORM

Backformen gibt es mittlerweile in allen denkbaren Formen und Größen. Die meisten Rezepte im Buch sind auf die gängigen Backformen ausgerichtet. Für Tortenliebhaber lohnt es sich, mehrere Springformen in unterschiedlichen Größen zu kaufen. Wer gerne hübsche Tartelettes backt, sollte in Tartelette-Ringe oder -Förmchen investieren.

Tortenring & Backrahmen

Tarteform & Tartelette-Ringe

Ausstecher

Gugelhupfform

Springform

Kastenform

21

MARAS BACKTIPPS

Wie gelingt der perfekte Mürbeteig?
Für Mürbeteig verwende ich am liebsten ganz weiche Butter, die beinahe schon geschmolzen ist. Egal ob im Kuchenboden oder in Weihnachtsplätzchen, sie sorgt dafür, dass der Teig nicht klebt und sich perfekt verarbeiten lässt. Wichtig ist jedoch, sich immer genau an die angegebenen Zutatenmengen zu halten.

Was bringt Blindbacken und ist es zwingend notwendig?
Ich gebe zu, dass ich selbst recht selten klassisch blindbacke. Bei manchen Rezepten ist es allerdings durchaus sinnvoll, zum Beispiel wenn die Füllung nicht so lange gebacken werden muss und der Boden trotzdem knusprig werden soll. Oder wenn das Rezept eine Füllung vorsieht, die überhaupt nicht gebacken wird, wie es häufig bei Tartelettes oder Törtchen der Fall ist. Dann ist das Blindbacken unumgänglich.

Warum wird mein Rührkuchen zu trocken und kompakt anstatt schön weich und locker?
Das kann viele Ursachen haben – beispielsweise ein Missverhältnis der Zutaten, fehlendes oder in zu geringer Menge eingesetztes Backtriebmittel oder zu viel Feuchtigkeit im Teig. Rührteige können aber auch dann misslingen, wenn die Zutaten nicht gut und lange genug aufgeschlagen werden. Durch das Rühren gelangt ordentlich Luft in den Teig, die ihn locker macht. Auch geschlagenes Eiweiß kann Teige luftiger werden lassen. Dafür zu Beginn einfach die Eier trennen.

Wie wird Biskuitboden schön fluffig?
Ähnlich wie beim Rührteig verhilft man auch dem Biskuit durch gutes Aufschlagen der Zutaten zu mehr Luftigkeit. Je nach Rezept schlage ich zunächst die Eier mit dem Zucker mehrere Minuten zu einer hellen, schaumigen Masse auf. Oder ich trenne die Eier und schlage die Eiweiße anschließend mit 1 Prise Salz zu festem Eischnee. Diesen hebe ich zum Schluss mit einem Teigschaber behutsam unter.

Verwendest du in deinen Rezepten lieber frische Hefe oder Trockenhefe?
Am liebsten verwende ich frische Hefe. Ich mag ihren Geruch und empfinde ihr Aroma als intensiver. Dennoch backe ich mittlerweile auch viel mit Trockenhefe. Das hat ganz praktische Gründe: Sie ist im Gegensatz zu Frischhefe sehr lange haltbar und man hat sie eigentlich immer im Vorratsschrank. Letztlich ist es aber Geschmackssache, zu welcher Hefevariante man lieber greift. Man kann mit beiden tolles Gebäck zaubern, solange man ein paar Dinge beachtet. Denn schließlich soll der Hefeteig schön aufgehen und später beim Backen richtig fluffig werden. Meine Tipps für gelingsicheren Hefeteig findest du auf meinem Blog LIFE IS FULL OF GOODIES (lifeisfullofgoodies.com).

Welche Teige kann man gut am Vortag vorbereiten oder einfrieren?
Hefeteig lässt sich super vorbereiten. Ich knete ihn oft am Vorabend zusammen und lagere ihn dann über Nacht im Kühlschrank, wo er ganz langsam aufgehen kann. Und am nächsten Morgen geht es ab in den Ofen mit ihm. Auch hierzu gibt es viele Tipps bei mir auf dem Blog. Einfrieren kann man zum Beispiel Biskuitteig perfekt – das mache ich häufig, bevor ich große Torten mit mehreren Böden backe, die ich nicht alle auf einmal herstellen kann oder will. Einfach in Folie wickeln und einfrieren, vor der Verarbeitung ganz kurz antauen lassen und los geht's.

Unwiderstehliche
KUCHEN &
TEILCHEN

Lust auf richtig leckere Kuchen ohne großen Aufwand? Dann probiere doch
Maras saftige Brownies, cremige Cheesecakes oder fluffiges Hefegebäck. Mit
ein paar wenigen Handgriffen werden sie außerdem echte Hingucker.

Erfrischend

KEY LIME BARS

Für 1 quadratische Backform (26 × 26 cm) • Zubereitung: ca. 35 Min. • Kühlen: ca. 8 Std.

Für den Boden:
200 g Butterkekse
100 g Butter

Für die Füllung:
400 g Frischkäse
200 g Mascarpone
150 Puderzucker
1 Bio-Limette
80 ml Limettensaft
250 g Sahne
1 Pck. Vanillezucker

Für die Deko:
200 g Sahne
1–2 Bio-Limetten

1 Die Backform mit Backpapier auslegen. Für den Boden die Butterkekse fein zerkrümeln oder im Mixer mahlen. Die Butter schmelzen und mit den Kekskrümeln vermengen. Die Keksmischung gleichmäßig in der Backform verteilen und gut festdrücken.

2 Für die Füllung den Frischkäse und den Mascarpone cremig rühren. Den Puderzucker unterrühren. Die Limette heiß waschen, trocknen und die Schale fein abreiben. Den Saft auspressen. Den Limettenabrieb und -saft in die Frischkäsemasse rühren. Die Sahne mit dem Vanillezucker steif schlagen und vorsichtig unterheben.

3 Die Füllung auf dem Boden verteilen und glatt streichen. Die Form über Nacht in den Kühlschrank stellen. Am nächsten Tag die Key Lime Bars aus der Backform nehmen und in einzelne Stücke schneiden.

4 Für die Deko die Sahne steif schlagen und mithilfe eines Spritzbeutels mit Sterntülle auf die Key Lime Bars spritzen. Die Limetten heiß waschen, trocknen und in sehr dünne Scheiben schneiden. Die Bars mit Limettenscheiben dekorieren und gekühlt servieren.

So cremig & fruchtig

BROMBEERSCHNITTEN

Für 1 quadratische Backform (ca. 24 × 24 cm) • Zubereitung: ca. 55 Min. • Kühlen: ca. 1 Std. 30 Min. • Backen: ca. 35 Min.

Für den Boden:

160 g weiche Butter
80 g Zucker
240 g Mehl
1 Prise Salz

Für die Füllung:

400 g Frischkäse
100 g griechischer Joghurt
100 g Zucker
1 Pck. Vanillezucker
15 g Speisestärke
2 Eier (M)
1 Limette (ersatzweise
   ½ Zitrone)
350 g Brombeeren

Außerdem:

Fett für die Form
Mehl zum Arbeiten

1 Für den Boden alle Zutaten glatt verkneten. Den Teig leicht flach drücken, in Frischhaltefolie wickeln und ca. 30 Minuten kalt stellen.

2 Den Backofen auf 180° (160° Umluft) vorheizen. Die Backform fetten oder mit Backpapier auslegen. Den Teig auf der leicht bemehlten Arbeitsfläche ausrollen und die Backform damit sorgfältig auslegen (Step 1). Dabei einen kleinen Rand hochziehen.

3 Für die Füllung den Frischkäse mit dem griechischen Joghurt verrühren. Zucker mit Vanillezucker und Speisestärke mischen und unter die Frischkäse-Joghurt-Masse rühren. Dann die beiden Eier unterziehen. Die Limette halbieren, auspressen und den Saft ebenfalls unterrühren.

4 Die Brombeeren waschen und abtropfen lassen, 250 g pürieren und nach Belieben durch ein feines Sieb passieren. Dann 2 Esslöffel der Füllung unter das Brombeerpüree rühren (Step 2). Die übrige Füllung gleichmäßig auf dem Boden verteilen (Step 3). Anschließend das Brombeerpüree mit einem Teelöffel obenauf klecksen und mit einer Gabel kurz marmorieren (Step 4). Die restlichen Beeren auf der Oberfläche verteilen.

5 Die Form in den heißen Ofen (Mitte) geben und den Kuchen 30–35 Minuten backen, bis der Rand etwas gebräunt ist. Die Brombeerschnitten bei leicht geöffneter Backofentür im Ofen auskühlen lassen, dann mindestens 1 Stunde kalt stellen. Gekühlt servieren.

SCHRITT FÜR SCHRITT
zu fruchtigen Schnitten

1.

Den Teig rolle ich ca. 5 mm dick auf der leicht bemehlten Arbeitsfläche aus. Er sollte in etwa die Größe der Form haben. Die Ränder schneide ich gerade ab. So lässt sich der Boden in der Form gleichmäßig auslegen.

2.

Dann gebe ich 2 EL der Füllung in das Brombeerpüree, damit es etwas dick-flüssiger wird und sich später leichter marmorieren lässt.

3.

Mit einem Teigschaber verteile ich die Füllung gleichmäßig auf dem Boden und streiche die Oberfläche schön glatt.

4.

Zum Marmorieren träufle ich das Brombeerpüree mit einem Teelöffel in kleinen Klecksen auf die Creme. Dann nehme ich eine Gabel und ziehe diese behutsam durch die Füllung. So entstehen hübsche Swirls.

Süß-säuerlich

JOHANNISBEER-SCHMAND-KUCHEN

Für 1 Kastenform (30 cm Länge) • Zubereitung: ca. 35 Min. • Backen: ca. 1 Std.

Für den Kuchen:
180 g weiche Butter
170 g Zucker
1 Pck. Vanillezucker
4 Eier (M)
150 g Schmand
280 g Mehl
½ Pck. Backpulver
ca. 350 g rote Johannisbeeren

Für den Zuckerguss:
250 g Puderzucker
2 EL Schmand
1–2 EL Milch
Rosa Lebensmittelfarbe

Für die Deko:
8 Rispen rote Johannisbeeren
2 EL Zucker
1 EL ganze und gehackte
  Pistazienkerne

Außerdem:
Fett für die Form

1 Den Backofen auf 180° (160° Umluft) vorheizen. Die Kastenform fetten. Für den Kuchen die weiche Butter mit dem Zucker und dem Vanillezucker in einer Schüssel schaumig schlagen. Dann nacheinander die Eier unterziehen und den Schmand einrühren. Das Mehl mit dem Backpulver mischen und zugeben. Alles zu einem cremigen Teig verrühren.

2 Die Johannisbeeren waschen, von den Rispen streifen und unterheben. Den Teig in die Kastenform füllen, glatt streichen und im heißen Ofen (Mitte) in 50–60 Minuten goldbraun backen. Stäbchenprobe machen! Anschließend auskühlen lassen und aus der Form lösen.

3 Für den Zuckerguss den Puderzucker mit dem Schmand und der Milch glatt rühren. Dann die rosa Lebensmittelfarbe einrühren und den Zuckerguss auf dem Johannisbeerkuchen verteilen.

4 Für die Deko die Johannisbeeren waschen. Die Hälfte der Rispen kurz in etwas Wasser tunken und dann durch den Zucker ziehen, sodass sie rundherum eine Zuckerkruste bekommen.

5 Dann alle Johannisbeerrispen auf dem Kuchen verteilen und die ganzen sowie die gehackten Pistazien darüberstreuen.

Mit Baiserhaube

STACHELBEERKUCHEN

Für 1 Springform (26 cm ⌀) • Zubereitung: ca. 45 Min. • Backen: ca. 50 Min.

Für den Boden:
250 g sehr weiche Butter
100 g Zucker
1 Pck. Vanillezucker
1 Prise Salz
1 Ei (M)
300 g Mehl
1 Pck. Backpulver

Für den Belag:
400 g grüne und rote
   Stachelbeeren

Für das Baiser:
4 Eiweiß (M)
1 Prise Salz
200 g Zucker

Außerdem:
Fett für die Form

1 Den Backofen auf 180° (160° Umluft) vorheizen. Die Springform fetten. Für den Boden die weiche Butter mit Zucker, Vanillezucker und Salz in einer Schüssel schaumig schlagen. Dann das Ei unterrühren. Das Mehl mit dem Backpulver vermischen und zur Buttermasse geben. Alles zu einem homogenen Teig verrühren. Den Teig in die gefettete Springform geben und gleichmäßig darin verteilen.

2 Für den Belag die Stachelbeeren waschen und putzen. Die Hälfte der Stachelbeeren halbieren. Die ganzen und halbierten Beeren auf der Teigoberfläche verteilen. Den Stachelbeerkuchen in den heißen Ofen (Mitte) geben und 45–50 Minuten backen.

3 Für das Baiser die Eiweiße mit dem Salz steif schlagen. Dabei nach und nach den Zucker einrieseln lassen und so lange weiterschlagen, bis die Eischneemasse glänzt und kleine Spitzen bildet. Das Baiser in einen Spritzbeutel mit Stern- oder Lochtülle füllen.

4 Den fertig gebackenen Kuchen aus dem Ofen nehmen und mit dem Baiser dekorieren. Anschließend noch einmal kurz in den Ofen stellen, bis die Baisertupfen ganz leicht beginnen zu bräunen (aufpassen, dass das Baiser nicht zu dunkel wird). Den Kuchen aus dem Ofen nehmen und auskühlen lassen. Auf eine Kuchenplatte setzen und servieren.

BROWNIES MIT SCHOKOFROSTING

Für 1 quadratische Backform (26 × 26 cm) • Zubereitung: ca. 40 Min. • Backen: ca. 30 Min.

Für die Brownies:

240 g Butter
1 Prise Salz
30 ml Rapsöl
260 g Zucker
200 g brauner Zucker
1 Pck. Vanillezucker
4 Eier (M)
130 g Mehl
100 g Kakaopulver
150 g Zartbitter-Kuvertüre-
    Chips (ersatzweise klein ge-
    hackte Zartbitter-Kuvertüre)

Für das Frosting:

180 g Zartbitter-Kuvertüre
60 g Butter
120 g saure Sahne
300 g Puderzucker

Außerdem:

Fett für die Form

1 Den Backofen auf 180° (160° Umluft) vorheizen. Die Backform fetten. Für die Brownies die Butter in einem Topf schmelzen und kurz abkühlen lassen. Die geschmolzene Butter mit Salz, Öl und den drei Zuckersorten verrühren. Dann die Eier einzeln unterrühren. Das Mehl mit dem Kakaopulver vermischen, auf die Eiermasse sieben und unterheben. Die Kuvertüre-Chips zugeben und ebenfalls unterheben.

2 Den Teig in die gefettete Form füllen, glatt streichen und in den heißen Ofen (Mitte) geben. Die Brownies 25–30 Minuten backen, sodass sie im Kern noch leicht feucht sind. Wer den Teig lieber durchgebacken mag, verlängert die Backzeit um ca. 10 Minuten. Anschließend gut auskühlen lassen, dann aus der Form lösen.

3 Für das Frosting die Zartbitter-Kuvertüre klein hacken und dann mit der Butter über einem heißen Wasserbad schmelzen. Die Kuvertüre-Butter-Mischung etwas abkühlen lassen. Anschließend die saure Sahne und den Puderzucker unterrühren. Das Frosting mithilfe eines Spritzbeutels mit flacher Tülle auf die ausgekühlten Brownies spritzen.

Tipp

Wer mag, gibt in den Brownieteig zusätzlich eine Handvoll gehackte Nüsse (z. B. Walnüsse, Erdnüsse, Pekannüsse oder Cashews), Schokostückchen, Kokosraspel oder getrocknete Früchte.

DIE VIELFALT DER TÜLLEN

*Für Backbegeisterte lohnt es sich, eine Sammlung von Edelstahl-Tüllen anzu-
schaffen. Damit kann man Torten und Gebäck füllen, Macarons herstellen und
der Kreativität beim Dekorieren freien Lauf lassen.*

Blütenblatttülle

Geschlossene Sterntülle

Russische Tülle

Lochtülle

Blatttülle

Offene Sterntülle

Spaghettitülle

Französische Tülle

Fülltülle

Korbtülle

EINFACHER RÜHRKUCHEN

Für 1 Gugelhupfform (ca. 25 cm ⌀) • Zubereitung: ca. 20 Min. • Backen: ca. 1 Std.

250 g weiche Butter
250 g Zucker
1 Pck. Vanillezucker
4 Eier (M)
350 g Mehl
1 Pck. Backpulver
1 Prise Salz
250 ml Milch
2 EL Rum (ersatzweise
   Orangensaft)

Außerdem:
Fett und Mehl für die Form
Puderzucker zum Bestäuben

1 Den Backofen auf 180° (160° Umluft) vorheizen. Die Gugelhupfform gründlich fetten und mit Mehl ausstäuben.

2 In einer großen Schüssel die weiche Butter mit dem Zucker und dem Vanillezucker schaumig schlagen. Die Eier nacheinander unterrühren. Das Mehl mit dem Backpulver und dem Salz vermischen. Dann die Mehlmischung zusammen mit der Milch und dem Rum zur Eiermasse geben. Alles zu einem cremigen, homogenen Teig verrühren. Den Teig in die Gugelhupfform füllen und glatt streichen.

3 Den Rührkuchen 50–60 Minuten im heißen Ofen (Mitte) backen. Stäbchenprobe machen! Anschließend vollständig auskühlen lassen, dann vorsichtig aus der Form stürzen und auf eine Kuchenplatte setzen. Den Gugelhupf vor dem Servieren mit Puderzucker bestäuben.

MARMORKUCHEN MIT MARMORÜBERZUG

Für 1 Kastenform (30 cm Länge) • Zubereitung: ca. 35 Min. • Backen: ca. 1 Std.

Für den Kuchen:
200 g weiche Butter
200 g Zucker
6 Eier (M)
50 ml Öl
2 EL Rum (ersatzweise Orangensaft)
1 Prise Salz
250 g Mehl
1 Pck. Backpulver
70 ml Milch
100 g Zartbitter-Schokolade

Für den Marmorüberzug:
200 g dunkle Kuchenglasur
200 g weiße Kuchenglasur

Außerdem:
Fett für die Form

1 Den Backofen auf 180° (160° Umluft) vorheizen. Die Form fetten. Für den Kuchen die weiche Butter in einer großen Schüssel mit dem Zucker schaumig schlagen. Die Eier trennen und die Eigelbe nacheinander in die Buttermasse rühren. Anschließend das Öl und den Rum zugeben und unterrühren. Die Eiweiße mit dem Salz steif schlagen.

2 Das Mehl mit dem Backpulver mischen und in die Butter-Eigelb-Masse sieben. Den Eischnee unterheben, bis ein homogener Teig entstanden ist. Den Teig halbieren. In die eine Hälfte die Milch gießen und untermischen. Die Zartbitter-Schokolade klein hacken und über dem heißen Wasserbad bei geringer Hitze schmelzen. Dann unter die andere Teighälfte rühren.

3 Den hellen Teig in die gefettete Backform geben. Den dunklen Teig daraufgießen und alles mit einer Gabel marmorieren. Den Marmorkuchen im heißen Ofen (Mitte) 50–60 Minuten backen. Stäbchenprobe machen! Anschließend auskühlen lassen und aus der Form lösen.

4 Für den Marmorüberzug beide Kuchenglasuren getrennt voneinander schmelzen. Anschließend kurz stehen lassen, damit die Glasuren etwas abkühlen und dicker werden (man sollte sie aber nach wie vor gießen können). Die dunkle Glasur in ein Gefäß mit Ausguss füllen, die helle Glasur wellenartig dort mit einfließen lassen (keinesfalls verrühren!). Dann die Glasurmasse zügig über den gesamten Kuchen gießen. Dadurch sollte ein schönes schwarz-weißes Muster entstehen. Die Glasur fest werden lassen und den Kuchen servieren.

SCHOKO-KIRSCH-KUCHEN MIT MARSHMALLOW FLUFF

Für 1 Springform (26 cm ⌀) • Zubereitung: ca. 55 Min. • Backen: ca. 1 Std.

Für den Kuchen:

1 Glas Schattenmorellen
  (ca. 680 g)
200 g weiche Butter
150 g Zucker
4 Eier (M)
130 g Mehl
130 g gemahlene Mandeln
1 Pck. Backpulver
100 g Schokoladenraspel
1 EL Kakaopulver

Für das Marshmallow-Topping:

250 g Zucker
1 Pck. Vanillezucker
3 Eiweiß (M)
1 Prise Salz
½ TL Weinsteinbackpulver

Für die Chocolate Swirls:

60 g Zartbitter-Schokolade
30 g Sahne

Außerdem:

Fett und Mehl für die Form

1 Den Backofen auf 180° (160° Umluft) vorheizen. Die Springform fetten und mit Mehl ausstäuben. Für den Kuchen die Schattenmorellen in einem Sieb abtropfen lassen. Die Butter mit Zucker und Eiern schaumig rühren. Dabei nach und nach Mehl, gemahlene Mandeln, Backpulver, Schokoladenraspel und Kakaopulver zufügen und alles gut verrühren.

2 Den Teig in die Springform füllen und die Kirschen gleichmäßig darauf verteilen. Den Kuchen im heißen Ofen (Mitte) 50–60 Minuten backen. Stäbchenprobe machen! Anschließend gut auskühlen lassen.

3 Für das Marshmallow-Topping ca. 250 ml Wasser mit dem Zucker und dem Vanillezucker in einen Topf geben und zum Kochen bringen. Die Temperatur reduzieren und den Zuckersirup unter mehrmaligem Rühren so lange köcheln lassen, bis er dicke Blasen bildet.

4 Inzwischen die Eiweiße mit dem Salz und dem Weinsteinbackpulver zu sehr steifem Schnee schlagen. Dann die heiße Sirupmasse in dünnem Strahl zugießen. Währenddessen permanent sanft rühren. Anschließend mit dem Handrührgerät auf höchster Stufe noch mindestens 5 Minuten weiter aufschlagen. Beim Hinausziehen der Rührhaken sollte die Masse hohe, feste Spitzen bilden und schön glänzen. Das Marshmallow-Topping gleichmäßig auf dem Kirschkuchen verteilen.

5 Für die Chocolate Swirls die Schokolade klein hacken und die Sahne aufkochen. Die heiße Sahne über die Schokolade gießen und so lange rühren, bis sich die Schokolade aufgelöst hat. Die flüssige Schokomasse auf dem Topping verteilen und mit einer Gabel marmorieren.

Ganz ohne Mehl

MANDELKUCHEN MIT AMARETTO

Für 1 Springform (26 cm ⌀) • Zubereitung: ca. 30 Min. • Backen: ca. 50 Min.

Für den Kuchen:

6 Eier (M)
170 g Puderzucker
1 Pck. Vanillezucker
1 Bio-Orange
200 g gemahlene gehäutete
   Mandeln
1 kleiner Schuss Amaretto
   (nach Belieben)
1 Prise Salz

Für die Deko:

Tortenspitze
Kakaopulver zum Bestäuben
1 EL Schokoladenraspel
   (nach Belieben)

1 Den Backofen auf 180° (160° Umluft) vorheizen. Die Form mit Backpapier auslegen. Für den Kuchen die Eier trennen. Die Eigelbe mit Puderzucker und Vanillezucker hell-cremig schlagen.

2 Die Orange heiß waschen, trocknen und die Schale fein abreiben. Die Frucht halbieren und den Saft auspressen. Orangensaft und -abrieb mit Mandeln und nach Belieben Amaretto unter die Eigelbmasse rühren. Die Eiweiße mit dem Salz steif schlagen und vorsichtig unterheben.

3 Den Teig in die Springform füllen, glatt streichen und im heißen Ofen (Mitte) 45–50 Minuten backen. Stäbchenprobe machen! Den Kuchen lauwarm abkühlen lassen. Den Rand mit einem dünnen Messer von der Form lösen und den Kuchen auf einen Teller oder eine Tortenplatte stürzen, das Backpapier abziehen und den Kuchen auskühlen lassen.

4 Vor dem Servieren die Tortenspitze auf den Kuchen legen und diesen mit Kakaopulver bestäuben. Die Tortenspitze vorsichtig abnehmen und den Kuchen nach Belieben mit Schokoladenraspeln garniert servieren.

Purer Herbstgenuss

APFEL-HASELNUSS-KUCHEN

Für 1 Kastenform (ca. 30 cm Länge) • Zubereitung: ca. 1 Std. • Backen: ca. 1 Std.

Für den Kuchen:

3 große Äpfel
200 g weiche Butter
200 g Zucker
1 Prise Salz
2 Eier (M)
100 g gemahlene Haselnusskerne
1 Pck. Vanillezucker
1 Pck. Backpulver
300 g Mehl

Für die Deko:

200 g Zartbitter-Kuchenglasur
Karamellisierte Haselnusskerne
(s. S. 51; Menge nach
Belieben)

Außerdem:

Fett für die Form

1 Den Backofen auf 180° (160° Umluft) vorheizen. Die Kastenform fetten. Für den Kuchen die Äpfel schälen, entkernen und fein reiben. Es werden ca. 350 g geriebene Äpfel benötigt.

2 Die weiche Butter mit Zucker und Salz in einer Schüssel schaumig schlagen. Die Eier nacheinander unterrühren. Dann Haselnüsse, Vanillezucker, Backpulver und Mehl zugeben und alles zu einem homogenen Teig verrühren. Anschließend die geriebenen Äpfel untermischen.

3 Den Teig in die gefettete Form füllen und glatt streichen. Den Kuchen im heißen Ofen (Mitte) ca. 1 Stunde backen. Stäbchenprobe machen! Anschließend auskühlen lassen und aus der Form nehmen.

4 Für die Deko die Kuchenglasur schmelzen. Den Apfel-Haselnuss-Kuchen damit gleichmäßig überziehen. Anschließend die Glasur trocknen lassen und den Kuchen mit karamellisierten Haselnüssen dekorieren, sodass die Zuckerfäden nach oben zeigen.

SCHÖNES AUS *Zucker*

1. KARAMELLSPLITTER UND KARAMELLSCHEIBEN

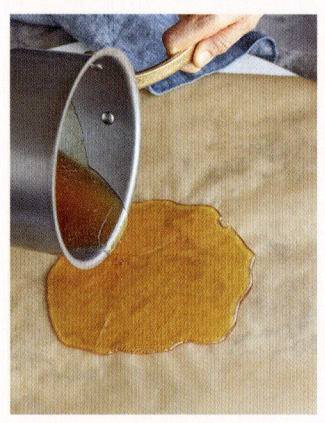

300 g Zucker in einem kleinen Topf karamellisieren lassen. Aufpassen, dass das Karamell nicht zu dunkel wird.

Das flüssige Karamell für Splitter dünn auf einen Bogen Backpapier gießen. Für Scheiben zu kleinen Kreisen gießen.

Für Splitter das getrocknete Karamell anschließend in Stücke brechen.

2. ZUCKERHAAR

100 g Zucker und 2 EL Wasser karamellisieren und kurz abkühlen lassen.

Mit einer Gabel das Karamell über einem geölten Stiel hin und her wedeln.

Das Zuckerhaar lösen und sofort auf einem Bogen Backpapier zu Kugeln formen.

3. KANDIERTE BLÜTEN

Den Backofen auf 70°
(50° Umluft) vorheizen.
1 Eiweiß (M) in einer kleinen Schüssel leicht ver-
quirlen.

15–20 frische Hornveil-
chenblüten einzeln mit
dem verquirlten Eiweiß
einpinseln.

Dann die Blüten vorsich-
tig in Zucker wenden, auf
einem Backblech vertei-
len und in 1–2 Stunden
im Ofen trocknen lassen.

4. KARAMELLISIERTE HASELNÜSSE

Die gewünschte Menge
Haselnusskerne auf
Zahnstocher aufspießen.
Pro Nuss einen Zahnsto-
cher verwenden.

Den Zucker karamellisie-
ren und kurz abkühlen
lassen. Die Haselnüsse
einzeln durch das Kara-
mell ziehen, sodass eine
dicke Zuckerschnur gezo-
gen wird.

Dann verkehrt herum
(mit dem Faden nach un-
ten zeigend) aufhängen;
mit Klebeband fixieren.
So können die Zuckerfä-
den aushärten.

PUMPKIN SPICE CAKE MIT QUARKFROSTING

Für 1 Springform (ca. 26 cm ⌀) • Zubereitung: ca. 45 Min. • Backen: ca. 50 Min.

Für den Teig:
350 g Hokkaidokürbis
1 Bio-Orange
250 g Mehl
250 g Zucker
200 g gemahlene Mandeln
1 TL Zimtpulver
¼ TL gemahlener Ingwer
¼ TL gemahlener Kardamom
¼ TL frisch geriebene Muskatnuss
1 Pck. Backpulver
125 ml Rapsöl
125 g sehr weiche Butter
4 Eier (M)

Für das Frosting:
200 g Sahne
2 Pck. Vanillezucker
300 g Quark
1 Prise Zimtpulver

Für die Deko:
½ Bio-Orange
Zimtpulver zum Bestäuben

Außerdem:
Fett für die Form

1 Den Backofen auf 180° (160° Umluft) vorheizen. Die Form fetten. Für den Teig den Kürbis waschen, putzen und fein reiben. Die Orange heiß waschen und trocknen. Die Schale abreiben und den Saft auspressen.

2 Mehl, Zucker, Mandeln, Zimt, Ingwer, Kardamom, Muskat und Backpulver mischen. Dann das Öl, die weiche Butter, den Orangensaft und -abrieb und die Eier unterrühren. Den geriebenen Kürbis untermengen. Den Teig in die gefettete Form füllen und 45–50 Minuten im heißen Ofen (Mitte) backen. Stäbchenprobe machen! Den Kuchen anschließend auskühlen lassen, aus der Form lösen und auf eine Kuchenplatte setzen.

3 Für das Frosting die Sahne mit dem Vanillezucker in einer Schüssel steif schlagen. Dann den Quark und das Zimtpulver einrühren. Das Frosting in einen Spritzbeutel mit Lochtülle füllen und in kleinen, gleichmäßigen Tupfen auf den abgekühlten Kuchen spritzen.

4 Für die Deko die Orangenhälfte heiß waschen und trocknen. Etwas Schale in feinen Zesten abziehen. Den Kuchen mit Orangenzesten dekorieren und mit Zimtpulver bestäubt servieren.

Für die Weihnachtszeit

LEBKUCHENSCHNITTEN

Für 1 Blech • Zubereitung: ca. 25 Min. • Backen: 30 Min.

Für den Kuchen:
375 g Zucker
3 Eier (M)
180 g weiche Butter
360 g Mehl
1 Pck. Backpulver
1 EL Lebkuchengewürz
375 ml Milch

Für den Guss:
350 g Puderzucker
¼ TL Zimtpulver
1 Schuss Milch

1 Den Backofen auf 180° (160° Umluft) vorheizen. Für den Kuchen den Zucker mit den Eiern und der weichen Butter in eine Schüssel geben und cremig aufschlagen. Mehl mit Backpulver und Lebkuchengewürz mischen und mit der Milch zugeben. Alles zu einem cremigen Teig verrühren.

2 Den Teig auf einem mit Backpapier ausgelegten Backblech oder in einem Backrahmen verteilen. Dann im heißen Ofen (Mitte) ca. 30 Minuten backen. Anschließend den Kuchen abkühlen lassen.

3 Für den Guss alle Zutaten verrühren und gleichmäßig mit einem Pinsel auf der Kuchenoberfläche verteilen. Den Guss kurz antrocknen lassen, dann den Kuchen in Sternform schneiden und servieren.

Ein Traum in Weiß

WHITE CHOCOLATE CHEESECAKE

Für 1 Springform (24 cm ⌀) • Zubereitung: ca. 50 Min. • Backen: ca. 1 Std. • Kühlen: mind. 4 Std.

Für den Boden:
300 g Kekse (z. B. Butterkekse)
150 g Butter

Für die Füllung:
700 g Frischkäse
150 g griechischer Joghurt
100 g Zucker
20 g Speisestärke
1 TL Vanilleextrakt (ersatzweise 1 Pck. Vanillezucker)
3 Eier (M)
300 g weiße Schokolade

Für die Deko:
3 EL weiße Schokoladen-
  röllchen (s. S. 112)
Himbeerpulver zum Bestäuben
(nach Belieben)

Außerdem:
Fett für die Form

1 Den Backofen auf 180° (160° Umluft) vorheizen. Die Backform fetten oder sorgfältig mit Backpapier auslegen.

2 Für den Boden die Butterkekse fein zerkrümeln oder im Mixer mahlen. Die Butter in einem kleinen Topf schmelzen, dann gut mit den Kekskrümeln vermengen. Die Keksmasse gleichmäßig in der Springform verteilen und festdrücken. Dabei auch einen Rand hochziehen.

3 Für die Füllung den Frischkäse in einer Schüssel mit dem griechischen Joghurt cremig rühren. Den Zucker mit der Speisestärke mischen und zusammen mit dem Vanilleextrakt unter die Frischkäsemasse rühren. Dann nacheinander die Eier unterziehen. Die weiße Schokolade klein hacken und über einem heißen Wasserbad bei geringer Hitze langsam schmelzen. Die geschmolzene Schokolade in die Frischkäsemasse rühren.

4 Die Füllung auf den Boden geben und glatt streichen. Den Cheesecake im heißen Ofen (Mitte) ca. 1 Stunde backen. Sollte die Oberfläche zu stark bräunen, die Form mit Alufolie abdecken. Nach dem Backen den Kuchen im Ofen bei leicht geöffneter Tür auskühlen lassen. Dann im Kühlschrank mindestens 4 Stunden oder am besten über Nacht ruhen lassen.

5 Vor dem Servieren den White Chocolate Cheesecake mit weißen Schokoladenröllchen und nach Belieben Himbeerpulver dekorieren.

To die for ...

ETON MESS CHEESECAKE

Für 1 Springform (26 cm ⌀) • Zubereitung: ca. 1 Std. • Backen: ca. 1 Std. • Kühlen: mind. 8 Std.

Für den Boden:
200 g Haferkekse (ersatzweise
   Butterkekse)
100 g Butter

Für die Käsemasse:
1 Zitrone
6 Eier (M)
300 g Zucker
1 kg Frischkäse
250 g Schmand (ersatzweise
   saure Sahne)
250 g Sahne
1 Pck. Vanillezucker
2 geh. EL Mehl

Für die Erdbeersauce:
350 g Erdbeeren
1 Pck. Vanillezucker
1 EL Zucker

Für das Topping:
100 g Crème fraîche
2 EL Zucker
1 Pck. Vanillezucker
250 g Sahne
2 Handvoll kleine Baisers
   (s. S. 154)

Für die Deko:
1 Handvoll Erdbeeren
1 Handvoll Minzblätter (ersatzweise Zitronenmelisse)

Außerdem:
Fett für die Form

1 Den Backofen auf 180° (160° Umluft) vorheizen. Die Form mit Backpapier auslegen, den Rand fetten. Für den Boden die Kekse fein zerkrümeln oder im Mixer mahlen. Die Butter schmelzen und mit den Kekskrümeln vermengen. Dann gleichmäßig in der Form verteilen und gut festdrücken. Den Keksboden ca. 10 Minuten im heißen Ofen (Mitte) backen.

2 Inzwischen für die Käsemasse die Zitrone halbieren und den Saft auspressen. Alle Zutaten bis auf das Mehl in einer großen Schüssel glatt rühren. Das Mehl hineinsieben und kurz untermischen. Die Masse nicht zu lange rühren. Dann auf den Boden geben und den Cheesecake 45–50 Minuten im heißen Ofen (Mitte) backen. Anschließend abkühlen und am besten über Nacht im Kühlschrank fest werden lassen.

3 Für die Erdbeersauce die Beeren waschen, putzen und mit beiden Zuckersorten mit einem Pürierstab fein mixen. Die Sauce nach Belieben durch ein feines Sieb passieren. Für das Topping die Crème fraîche mit dem Zucker und dem Vanillezucker verrühren. Die Sahne steif schlagen und unterheben. Die Hälfte der Baisers in kleine Stücke brechen und unter das Cremetopping mengen. Dann die Hälfte der Erdbeersauce nur kurz unterziehen, bis das Topping schön marmoriert ist.

4 Für die Deko die Erdbeeren waschen, putzen und vierteln. Das Topping auf dem Cheesecake verteilen. Alles mit Erdbeeren, der übrigen Sauce, den restlichen Baisers und Minzblättern garnieren. Sofort servieren.

No bake

MANGO CHEESECAKE MIT WEISSER SCHOKOLADE

Für 1 Springform (26 cm ⌀) • Zubereitung: ca. 1 Std. • Kühlen: ca. 8 Std.

Für den Boden:
200 g Butterkekse
100 g Butter

Für die Füllung:
3 große Mangos
1 Zitrone
8 Blatt Gelatine
450 g Frischkäse
200 g Sahne
380 g weiße Schokolade

Für die Deko:
1 Stängel Zitronenmelisse

1 Die Springform mit Backpapier auslegen. Für den Boden die Kekse fein zerkrümeln oder im Mixer mahlen. Die Butter schmelzen und mit den Kekskrümeln vermengen. Dann die Keksmischung in die Form geben, gleichmäßig verteilen und gut festdrücken.

2 Für die Füllung die Mangos schälen, das Fruchtfleisch vom Stein schneiden und im Mixer fein pürieren. Es werden ca. 450 ml Mangopüree benötigt. Die Zitrone halbieren und den Saft auspressen. Die Gelatine in kaltem Wasser einweichen. Den Frischkäse mit der Sahne cremig rühren.

3 Die weiße Schokolade klein hacken und über einem heißen Wasserbad bei geringer Hitze unter Rühren schmelzen. Die geschmolzene Schokolade sofort in die Frischkäse-Sahne-Masse rühren. Anschließend 400 g Mangopüree und den Zitronensaft unterrühren.

4 Die Gelatine tropfnass in einen Topf geben und unter Rühren erwärmen, bis sie sich aufgelöst hat. Dann sofort vom Herd nehmen, da sie nicht zu heiß werden darf. Etwa 2 EL der Mango-Frischkäse-Masse in die Gelatine rühren. Anschließend die Gelatinemischung in die Mango-Frischkäse-Masse geben und alles verrühren.

5 Die Füllung auf den Boden geben und gleichmäßig verteilen. Die Form ein paar Mal auf die Arbeitsfläche klopfen, damit sich die Masse gut setzen kann. Das übrige Mangopüree in Klecksen mithilfe eines Teelöffels auf der Oberfläche verteilen und mit einer Gabel marmorieren.

6 Den Kuchen über Nacht im Kühlschrank fest werden lassen. Zum Servieren aus der Form lösen und auf eine Kuchenplatte setzen. Für die Deko die Zitronenmelisse abbrausen, trocken schütteln und die Blätter abzupfen. Den Cheesecake mit Zitronenmelisse garniert servieren.

Zitronig-frisch

NO BAKE
LEMON CHEESECAKE

Für 1 Springform (20 cm ⌀) • Zubereitung: ca. 50 Min. • Kühlen: mind. 7 Std. 30 Min.

Für den Boden:
150 g Vollkornkekse
70 g Butter

Für die Füllung:
2 Blatt Gelatine
1 große Bio-Zitrone
400 g Frischkäse
400 g gezuckerte Kondensmilch
250 g Lemon Curd

Für die Deko:
200 g Sahne
1 kleine Bio-Zitrone
1 Stängel Minze
2 Handvoll kleine Baisers
  (s. S. 154)
Kakaopulver zum Bestäuben
2 Handvoll kleine gelbe
  Macarons (s. S. 166)
Gehackte Pistazienkerne zum
  Bestreuen

1 Die Springform mit Backpapier auslegen. Für den Boden die Kekse fein zerkrümeln oder im Mixer mahlen. Die Butter schmelzen und mit den Kekskrümeln vermengen. Dann die Keksmischung in die Form geben, gleichmäßig verteilen und gut am Boden festdrücken.

2 Für die Füllung die Gelatine in kaltem Wasser einweichen. Die Zitrone heiß waschen, trocknen und die Schale fein abreiben. Die Frucht halbieren und den Saft auspressen, es werden ca. 80 ml benötigt. Den Frischkäse mit dem Zitronensaft und der gezuckerten Kondensmilch in einer Schüssel cremig rühren, den Zitronenabrieb untermengen.

3 Die Gelatine tropfnass in einen Topf geben und unter Rühren erwärmen, bis sie sich aufgelöst hat. Dann sofort vom Herd nehmen, da sie nicht zu heiß werden darf. 2 EL der Frischkäsemasse in die Gelatine rühren. Anschließend die komplette Frischkäsemasse unterrühren.

4 Die Frischkäsemasse auf den Boden geben und mit einem Löffel glatt streichen. Die Springform ein paar Mal auf die Arbeitsfläche klopfen, damit sich die Masse setzen kann. Den Cheesecake über Nacht im Kühlschrank ruhen lassen. Am nächsten Tag Lemon Curd auf der Oberfläche verteilen und den Cheesecake erneut mind. 30 Minuten kühl stellen.

5 Inzwischen für die Deko die Sahne steif schlagen und mit einem Spritzbeutel mit Sterntülle ringsherum auf dem Cheesecake verteilen. Die Zitrone heiß waschen, trocknen und von einer Hälfte feine Zesten abschneiden. Von der anderen Hälfte dünne Scheiben abschneiden und diese vierteln. Die Minze abbrausen, trocken schütteln und die Blätter abzupfen. Die Baisers mit Kakao bestäuben. Den Cheesecake aus der Form lösen, auf eine Tortenplatte setzen und mit Baisers, Zitronenstücken und -zesten, Macarons, Pistazien und Minze dekorieren. Gekühlt servieren.

CAPPUCCINO CHEESECAKE MIT KAFFEESIRUP

Für 1 Springform (24 cm ⌀) • Zubereitung: ca. 1 Std. • Kühlen: ca. 1 Std. • Backen: ca. 1 Std.

Für den Kaffeesirup:
350 ml Espresso
250 g brauner Zucker
2 Pck. Vanillezucker

Für den Boden:
150 g weiche Butter
100 g Puderzucker
1 Prise Salz
30 g Kakaopulver
1 Ei (M)
250 g Mehl

Für die Füllung:
500 g Ricotta
200 g Frischkäse
250 g Magerquark
150 g Zucker
1 Pck. Vanillepuddingpulver
3 Eier (M)
100 ml Kaffeelikör
100 g Sahne

Für das Topping:
250 g Mascarpone
250 g Quark
50 g Zucker
200 g Sahne
1 Pck. Sahnesteif

Außerdem:
Mehl zum Arbeiten
Fett für die Form

1 Für den Kaffeesirup alle Zutaten in einem Topf aufkochen und bei mittlerer Hitze 20–30 Minuten (je nach gewünschter Konsistenz) köcheln lassen. Anschließend in saubere Flaschen abfüllen.

2 Inzwischen für den Boden alle Zutaten miteinander verkneten, bis ein homogener Teig entstanden ist. Den Teig zu einer Kugel formen, in Frischhaltefolie wickeln und ca. 1 Stunde im Kühlschrank ruhen lassen. Anschließend den Teig auf der leicht bemehlten Arbeitsfläche ausrollen. Die Springform fetten und mit dem Teig auskleiden, dabei einen Rand hochziehen. Den Backofen auf 180° (160° Umluft) vorheizen.

3 Für die Füllung den Ricotta mit dem Frischkäse und dem Magerquark cremig rühren. Dann den Zucker und das Vanillepuddingpulver einrühren. Anschließend die Eier und den Kaffeelikör zugeben und unterrühren. Die Sahne steif schlagen und unterheben. Die Füllung gleichmäßig auf dem Kuchenboden verteilen und den Cheesecake im heißen Ofen (Mitte) ca. 1 Stunde backen. Anschließend auskühlen lassen, aus der Form nehmen und auf eine Kuchenplatte setzen.

4 Für das Topping den Mascarpone mit Quark und Zucker cremig rühren. Die Sahne mit dem Sahnesteif steif schlagen und unterheben. Das Topping auf dem Cheesecake verteilen und mit Kaffeesirup beträufeln.

Tipp

Je länger der Kaffeesirup kocht, desto dickflüssiger wird er. Auch durch das Abkühlen und die Lagerung im Kühlschrank erhält der Sirup eine noch festere Konsistenz.

HEFEZOPF MIT SESAM

Für 1 Hefezopf • Zubereitung: ca. 35 Min. • Ruhen: ca. 1 Std. 10 Min. • Backen: ca. 35 Min.

60 g Butter
21 g frische Hefe (½ Würfel)
180 ml lauwarme Milch
50 g Zucker
500 g Mehl
1 Prise Salz
1 Ei (M)

Außerdem:
100 g Sesam zum Wälzen
1 Eigelb (M)
1 kleiner Schuss Sahne

1 Die Butter in einem kleinen Topf schmelzen und kurz abkühlen lassen. Die Hefe in die lauwarme Milch bröseln. Geschmolzene Butter und Zucker zugeben, alles gut verrühren und ca. 10 Minuten gehen lassen.

2 Das Mehl in einer Schüssel mit dem Salz mischen. Das Ei und die Hefemischung zugeben und alles in mehreren Minuten zu einem glatten Teig verkneten. Ist er zu klebrig, noch etwas Mehl einarbeiten. Die Schüssel abdecken und den Teig ca. 1 Stunde an einem warmen Ort gehen lassen.

3 Den Backofen auf 180° (160° Umluft) vorheizen. Den Hefeteig in neun gleich große Stücke teilen und jedes Stück zu einer ca. 40 cm langen Rolle formen. Die Enden der Teigrollen sollten immer dünner werden. Drei der Rollen mit etwas Wasser benetzen und im Sesam wälzen, sodass sie rundum damit bedeckt sind (Step 1).

4 Dann je drei Teigstränge zusammennehmen (in der Mitte sollte sich jeweils ein mit Sesam bedeckter Strang befinden) und direkt nebeneinander legen (Step 2). Dann die Stränge zu einem Zopf flechten (Step 3). Den Hefezopf auf ein mit Backpapier ausgelegtes Blech legen. Das Eigelb mit der Sahne verquirlen und den Hefezopf an den Strängen ohne Sesam damit einpinseln. Das Blech in den heißen Ofen (Mitte) geben und den Hefezopf in 30–35 Minuten goldbraun backen.

SCHRITT FÜR SCHRITT
zum luftig-leckeren Hefezopf

1.

Um dem Zopf eine besondere Optik zu verleihen, wälze ich drei der Hefestränge in Sesam. Damit die Samen gut am Teig haften bleiben, bepinsele ich die Teigrollen vorher mit Wasser.

2.

Dann nehme ich jeweils drei Teigstränge zusammen, wobei sich in der Mitte immer ein mit Sesam ummantelter Strang befindet. Am oberen Ende drücke ich die Teigstränge etwas fest, sodass sie gut zusammenhalten.

3.

Anschließend flechte ich aus den Teig-
strängen einen Zopf. Da der Teig beim
Backen noch aufgeht, sollte er nicht zu
eng geflochten werden. So verhindert
man, dass er reißt.

4.

Die Enden vom Hefezopf schlage ich
leicht unter, damit der Zopf oben und
unten beim Backen gut zusammenhält.

RIESENZIMTSCHNECKE

Für 1 Springform (26 cm ⌀) • Zubereitung: ca. 50 Min. • Ruhen: ca. 1 Std. 10 Min. • Backen: ca. 35 Min.

Für den Hefeteig:
80 g Butter
250 ml lauwarme Milch
50 g Zucker
1 Pck. Vanillezucker
42 g frische Hefe (1 Würfel)
500 g Mehl
1 Prise Salz
1 Ei (M)

Für die Füllung:
100 g Butter
100 g brauner Zucker
100 g weißer Zucker
1 EL Zimtpulver

Für den Guss:
250 g Puderzucker
1 kleiner Schuss Milch
1 Prise Zimtpulver

Außerdem:
Fett für die Form
Mehl zum Arbeiten

1 Für den Hefeteig die Butter in einem kleinen Topf schmelzen und kurz abkühlen lassen. Die lauwarme Milch mit der geschmolzenen Butter, dem Zucker und dem Vanillezucker mischen. Die frische Hefe hineinbröseln, alles verrühren und ca. 10 Minuten abgedeckt gehen lassen.

2 Anschließend Mehl, Salz und Ei zugeben und alles in mehreren Minuten zu einem geschmeidigen Teig verkneten. Sollte der Teig noch leicht klebrig sein, etwas mehr Mehl einarbeiten. Den Hefeteig abgedeckt an einem warmen Ort ca. 1 Stunde gehen lassen; er sollte sein Volumen in dieser Zeit ungefähr verdoppelt haben.

3 Den Backofen auf 180° (160° Umluft) vorheizen. Die Springform gründlich fetten. Den Hefeteig auf der leicht bemehlten Arbeitsfläche zu einem ca. 50 × 30 cm großen Rechteck ausrollen.

4 Für die Füllung die Butter zerlassen und mit beiden Zuckersorten und dem Zimt vermischen. Die Füllung auf der Teigplatte verteilen. Die Teigplatte der Länge nach in ca. 3 cm breite Streifen schneiden. Die Streifen in der gefetteten Springform zu einer großen Zimtschnecke anordnen.

5 Dazu den ersten Streifen zu einer Schnecke rollen und in die Mitte der Form legen. Den nächsten Streifen mit der Füllung zur Mitte zeigend um die Schnecke herumwickeln. So fortfahren, bis alle Teigstreifen aufgebraucht sind. Dabei den nächsten Streifen immer dort anlegen, wo der letzte Streifen aufgehört hat. Die Riesenzimtschnecke im heißen Ofen (Mitte) in 30–35 Minuten goldbraun backen. Abkühlen lassen.

6 Für den Guss den Puderzucker mit Milch und Zimt glatt rühren und gleichmäßig auf der Zimtschnecke verteilen.

CARROT-CAKE-KNOTEN MIT ORANGENKARAMELL

Für 1 Hefeknoten • Zubereitung: ca. 1 Std. • Ruhen: ca. 1 Std. 10 Min. • Backen: ca. 35 Min.

Für den Hefeteig:

150 g Möhren
42 g frische Hefe (1 Würfel)
60 ml lauwarmes Wasser
570 g Mehl
80 g Zucker
60 g weiche Butter
60 ml lauwarme Milch

Für das Orangenkaramell:

350 ml Orangensaft
150 g brauner Zucker
1 Pck. Vanillezucker
¼ TL Zimtpulver
100 g Butter
100 g Sahne

Außerdem:

1 Eigelb (M)
1 kleiner Schuss Sahne
1 Olivenzweig (nach Belieben)

1 Für den Hefeteig die Möhren schälen und sehr fein reiben oder raspeln. Die Hefe zerbröseln und mit dem lauwarmen Wasser verrühren; dann ca. 10 Minuten gehen lassen. Das Mehl in einer Schüssel mit dem Zucker mischen. Butter, Milch, Hefewasser und Möhren zugeben und alles mehrere Minuten zu einem homogenen Teig verkneten. Sollte der Teig noch kleben, etwas Mehl einarbeiten. Den Hefeteig abdecken und an einem warmen Ort ca. 1 Stunde gehen lassen.

2 Den Backofen auf 180° (160° Umluft) vorheizen. Ein Backblech mit Backpapier auslegen. Den Teig in acht gleich große Stücke teilen und diese zu ca. 40 cm langen Rollen formen. Vier Rollen nebeneinander horizontal vor sich legen. Die anderen vier Rollen vertikal in die horizontalen Rollen einflechten. Dabei immer zwei Rollen zusammennehmen (Step 1).

3 Dann immer jeweils zwei Teigrollen den Himmelsrichtungen folgend und von Süden nach Osten beginnend übereinanderschlagen (Step 2). Diesen Arbeitsschritt anschließend in umgekehrter Richtung wiederholen (Step 3). Alle Rollenenden nach unten einschlagen (Step 4). Den so entstandenen Hefeknoten auf das Backblech setzen.

4 Das Eigelb mit der Sahne verquirlen und den Knoten damit einpinseln. Den Hefeknoten in den heißen Ofen (Mitte) geben und in 30–35 Minuten goldbraun backen. Anschließend abkühlen lassen.

5 Inzwischen für das Orangenkaramell den Orangensaft mit braunem Zucker, Vanillezucker und Zimt in einen Topf geben und aufkochen. Alles bei geringer Hitze ca. 30 Minuten einköcheln lassen. Dabei immer wieder gut umrühren. Dann die Butter untermischen und ein paar Minuten unter Rühren weiterköcheln lassen. Zum Schluss die Sahne zugießen und so lange rühren, bis alles wieder geschmolzen ist. Vor dem Verzehr das Orangenkaramell gut durchmischen. Den Hefeknoten nach Belieben mit einem Olivenzweig dekorieren und mit dem Orangenkaramell servieren.

SCHRITT FÜR SCHRITT
zum Möhren-Hefeknoten

1.

Für den Knoten lege ich vier Rollen
längs vor mich. Die anderen Rollen lege
ich quer und flechte sie mittig, möglichst eng in die längs liegenden Rollen
ein. Dabei nehme ich je zwei Rollen zusammen. Nun zeigen in jede Himmels-
richtung je vier Rollenenden.

2.

»Im Süden« schlage ich die beiden
rechts liegenden Rollen über die linken,
dann »im Westen« die beiden unteren
Rollen über die zwei oberen. »Im Nor-
den« lege ich die beiden linken Rollen
über die zwei rechten und »im Osten«
die oberen über die unteren.

3.

Nun gehe ich in genau umgekehrter Richtung vor. Wieder unten beginnend schlage ich die zwei Rollen nach rechts oben um. Die zwei rechts liegenden Rollen lege ich nach links oben. Die oberen zwei Rollen schlage ich wieder nach links um und die links liegenden Rollen nach unten.

4.

Zum Schluss schlage ich alle nach außen zeigenden Rollenenden unter den entstandenen Teigknoten und drücke sie leicht fest, sodass mein Hefeknoten beim Backen gut zusammenhält.

Ein Geschmackserlebnis

HEFEKRANZ MIT MARZIPAN UND NUGAT

Für 1 Kranz • Zubereitung: ca. 55 Min. • Ruhen: ca. 1 Std. 20 Min. • Backen: ca. 35 Min.

Für den Hefeteig:
80 g Butter
250 ml lauwarme Milch
60 g Zucker
1 Pck. Vanillezucker
42 g frische Hefe (1 Würfel)
500 g Mehl
1 Prise Salz
1 Ei (M)

Für die Füllung:
200 g Marzipan-Rohmasse
2 Eiweiß (M)
150 g gemahlene Mandeln
1 EL Zucker
200 g Nugat
70 g Sahne

Für den Guss:
200 g Puderzucker
1 kleiner Schuss Milch
1 TL Vanilleextrakt

Für die Deko:
1 EL gehackte Pistazienkerne
Schleifenband (nach Belieben)

Außerdem:
Mehl zum Arbeiten

1 Für den Hefeteig die Butter in einem kleinen Topf schmelzen und kurz abkühlen lassen. Milch mit Butter, Zucker und Vanillezucker mischen. Die Hefe hineinbröseln, gut umrühren und ca. 10 Minuten abgedeckt gehen lassen. Anschließend Mehl, Salz und Ei zugeben und alles in mehreren Minuten zu einem geschmeidigen Teig verkneten. Sollte der Teig noch leicht klebrig sein, etwas mehr Mehl einarbeiten. Den Teig abdecken und an einem warmen Ort ca. 1 Stunde gehen lassen; er sollte sein Volumen in dieser Zeit ungefähr verdoppelt haben.

2 Den Backofen auf 180° (160° Umluft) vorheizen. Ein Backblech mit Backpapier auslegen. Den Teig auf der leicht bemehlten Arbeitsfläche zu einem ca. 60 × 40 cm großen Rechteck ausrollen. Für die Füllung das Marzipan in sehr kleine Stückchen schneiden oder raspeln (das geht am besten, wenn es leicht gefroren ist). Die Eiweiße kurz steif schlagen. Marzipan, Eiweiße, gemahlene Mandeln und Zucker zu einer homogenen Masse verrühren. Nugat mit der Sahne in einem kleinen Topf bei mittlerer Hitze unter Rühren schmelzen. Dann unter die Marzipanmasse rühren.

3 Die Füllung sofort gleichmäßig auf der ganzen Teigplatte verstreichen. Das Rechteck von der langen Seite her aufrollen. Dann die ganze Rolle mit einem scharfen Messer in der Mitte einmal komplett aufschneiden und miteinander verzwirbeln. Die Schnittflächen der Stränge (also die aufgeschnittenen Seiten) sollten dabei nach oben zeigen. Die Stränge auf dem Blech zu einem Kreis legen und erneut 10 Minuten gehen lassen. Den Nusskranz im heißen Ofen (Mitte) 30–35 Minuten backen.

4 Für den Guss Puderzucker mit Milch und Vanilleextrakt glatt rühren. Dann auf dem noch warmen Nusszopf verstreichen. Den Guss mit gehackten Pistazien bestreuen und trocknen lassen. Den Nusskranz nach Belieben mit Schleife dekorieren und am besten frisch verzehren.

TARTES &
TORTEN

zum Verlieben

Egal ob für ein gemütliches Kaffeekränzchen oder für besondere Feste,
Mara hat immer das perfekte Rezept parat: Erdbeer-Charlotte, Salted-
Caramel-Torte, Blutorangen-Tarte und vieles mehr – alle sind fast zu schade
zum Anschneiden, aber doch zu köstlich, um es nicht zu tun.

Schmeckt garantiert jedem!

ERDBEER-TARTE MIT MASCARPONECREME

Für 1 Tarteform (26 cm ⌀) • Zubereitung: ca. 40 Min. • Kühlen: ca. 30 Min. • Backen: ca. 30 Min.

Für den Boden:

150 g Mehl

100 g gemahlene gehäutete
  Mandeln

150 g kalte Butter

1 Ei (M)

80 g Zucker

1 Prise Salz

Für die Füllung:

250 g Mascarpone

300 g Magerquark

80 g Zucker

1 Pck. Vanillezucker

200 g Sahne

Außerdem:

Fett für die Form

Mehl zum Arbeiten

750 g Erdbeeren

1 Handvoll Gänseblümchen
  (nach Belieben)

2 Stängel Minze (nach
  Belieben)

1 Für den Boden das Mehl und die gemahlenen Mandeln mischen. Die kalte Butter in Stücke schneiden, zugeben und mit der Mehlmischung krümelig reiben. Dann 1 EL Wasser, Ei, Zucker und Salz untermischen und alles zu einem homogenen Teig verkneten. Bei Bedarf noch 1 EL Wasser einarbeiten. Den Teig zu einer Kugel formen, in Frischhaltefolie wickeln und ca. 30 Minuten im Kühlschrank ruhen lassen.

2 Den Backofen auf 180° (160° Umluft) vorheizen. Die Tarteform fetten. Den Teig auf der leicht bemehlten Arbeitsfläche ausrollen und die Tarteform damit vollständig auskleiden. Den Boden mehrmals mit einer Gabel einstechen, in den heißen Ofen (Mitte) geben und in 25–30 Minuten goldbraun backen. Anschließend auskühlen lassen.

3 Für die Füllung den Mascarpone mit Magerquark, Zucker und Vanillezucker cremig rühren. Die Sahne steif schlagen und unterheben. Die Füllung gleichmäßig auf dem ausgekühlten Boden verteilen. Die Erdbeeren waschen, putzen und in dünne Scheiben schneiden. Die Tarte mit den Erdbeerscheiben belegen. Dazu am äußeren Rand der Tarte beginnen und die Erdbeeren dann weiter gleichmäßig zur Mitte hin auslegen. Die Tarte nach Belieben mit Blüten und Minze garnieren und servieren.

Mit Überraschungsfüllung

PANNACOTTA-TARTE MIT ERDBEEREN

Für 1 Tarteform (26 cm ⌀) • Zubereitung: ca. 1 Std. 15 Min. • Backen: ca. 30 Min. • Kühlen: mind. 5 Std.

Für den Mürbeteig:

250 g Mehl
150 g weiche Butter
70 g Zucker
1 Prise Salz
1 Pck. Vanillezucker

Für das Erdbeergelee:

1 Blatt Gelatine
300 g Erdbeeren
50 g Zucker
1 Spritzer Zitronensaft

Für die Pannacotta-Masse:

4 Blatt Gelatine
400 g Sahne
60 g Zucker
1 Pck. Vanillezucker
200 g Mascarpone

Für die Deko:

200 g Sahne
1 Handvoll Erdbeeren
1 Handvoll Johannisbeeren
1 EL gehackte Pistazienkerne
1 EL Kamillenblüten

Außerdem:

Fett für die Form
Hülsenfrüchte zum Blindbacken

1 Den Backofen auf 180° (160° Umluft) vorheizen. Die Form fetten. Für den Mürbeteig alle Zutaten gut miteinander verkneten, bei Bedarf noch 1–2 EL Wasser untermischen. Den Teig gleichmäßig in die Tarteform drücken, dabei auch einen Rand hochziehen. Den Boden mehrfach mit einer Gabel einstechen, dann mit Backpapier belegen und mit Hülsenfrüchten beschweren. Die Form in den heißen Ofen (Mitte) geben und den Boden ca. 30 Minuten blindbacken. Anschließend Backpapier und Hülsenfrüchte entfernen und den Boden gut auskühlen lassen.

2 Für das Erdbeergelee die Gelatine in kaltem Wasser einweichen. Die Beeren waschen, putzen und mit Zucker und Zitronensaft in einem Topf pürieren, dann alles aufkochen. Das Erdbeermus vom Herd nehmen, 1–2 Minuten stehen lassen und die ausgedrückte Gelatine darin unter Rühren auflösen. Nach Belieben durch ein feines Sieb passieren. Das Gelee auf den Boden gießen und im Kühlschrank fest werden lassen.

3 Inzwischen für die Pannacotta-Masse die Gelatine in kaltem Wasser einweichen. Die Sahne mit dem Zucker und dem Vanillezucker in einem Topf unter Rühren aufkochen. Vom Herd nehmen, kurz abkühlen lassen und die ausgedrückte Gelatine einrühren. Den Mascarpone cremig rühren, dann unter die warme Sahnemischung rühren. Alles gleichmäßig auf der Geleeschicht verteilen. Die Tarte in 4–6 Stunden (oder einfach über Nacht) im Kühlschrank fest werden lassen.

4 Für die Deko die Sahne steif schlagen und mithilfe eines Spritzbeutels mit Lochtülle auf die Tarte spritzen. Die Erdbeeren waschen, putzen und vierteln. Die Tarte mit Beeren, Pistazien und Blüten dekoriert servieren.

FLOWER POWER

Einfache, dezente und natürliche Deko mit großer Wirkung. Es gibt mehr essbare Blumen als man denkt, und einige davon kann man ganz einfach sammeln.

Rosen

Kamille

Holunderblüten

Flieder

Lavendel

Gänseblümchen

Stiefmütterchen

Luftig-leichte Mousse trifft Knusperboden

HIMBEERMOUSSE-TARTE

Für 1 rechteckige Tarte (ca. 13 × 35 cm) • Zubereitung: ca. 1 Std. • Kühlen: mind. 5 Std.

Für den Boden:
300 g Butterkekse
150 g Butter

Für die Himbeermousse:
4 Blatt Gelatine
200 g TK-Himbeeren
60 g Zucker
1 Pck. Vanillezucker
200 g Sahne

Für die Deko:
1 Handvoll Himbeeren
4 kleine Rispen rote Johannisbeeren
1 Handvoll rote Trauben
2 Stängel Minze (ersatzweise
  Zitronenmelisse)
2 Butterkekse

Außerdem:
Fett für die Form

1 Die Tarteform fetten. Für den Boden die Butterkekse fein zerkrümeln oder im Mixer mahlen. Die Butter schmelzen, dann gründlich mit den Kekskrümeln vermengen. Die Keksmasse gleichmäßig in der gefetteten Tarteform verteilen, dabei einen Rand hochziehen und den Boden gut festdrücken. Den Boden ca. 1 Stunde im Kühlschrank kalt stellen.

2 Für die Himbeermousse die Gelatine in kaltem Wasser einweichen. Die Himbeeren mit Zucker und Vanillezucker in einem Topf erhitzen und kurz köcheln lassen. Währenddessen öfter umrühren. Die Himbeeren pürieren und anschließend durch ein feines Sieb passieren.

3 Die Gelatine leicht ausdrücken und unter Rühren in dem noch heißen Himbeerpüree auflösen. Die Himbeermasse abkühlen lassen, bis sie zu gelieren beginnt. Dann die Sahne steif schlagen und unterheben. Die Himbeermousse auf den gekühlten Tarteboden gießen und in 4–6 Stunden (oder einfach über Nacht) im Kühlschrank fest werden lassen.

4 Vor dem Servieren die Beeren waschen und trocken tupfen. Die Trauben ebenfalls waschen und halbieren oder in dünne Scheiben schneiden. Die Minze abbrausen und trocken schütteln. Die Kekse zerkrümeln. Die Tarte mit den vorbereiteten Zutaten dekorieren und servieren.

SCHOKO-PANNACOTTA-TARTE MIT ORANGE

Für 1 Tarteform (26 cm Ø) • Zubereitung: ca. 55 Min. • Kühlen: mind. 5 Std. • Backen: 30 Min.

Für den Mürbeteig:

140 g weiche Butter

70 g Puderzucker

1 Prise Salz

1 Ei (M)

250 g Mehl

2 EL Kakaopulver

Für die Schoko-Pannacotta:

1 Bio-Orange

8 Blatt Gelatine

200 g Zartbitter-Schokolade

400 g Sahne

200 ml Milch

60 g Zucker

200 g Mascarpone

Für die Deko:

30 g Schokolade

Kakaopulver zum Bestäuben

100 g Sahne

½ Pck. Sahnesteif

2 TL Orangenmarmelade

1–2 EL Schokoladenraspel

Außerdem:

Fett für die Form

Hülsenfrüchte zum Blindbacken

1 Für den Mürbeteig alle Zutaten zu einem glatten Teig verkneten. Den Teig zu einer Kugel formen, in Frischhaltefolie wickeln und ca. 1 Stunde kalt stellen. Den Backofen auf 180° (160° Umluft) vorheizen. Die Tarteform fetten. Den Teig (am besten auf einer Backmatte) ausrollen und in die Tarteform legen. Alternativ den Teig in der Form gleichmäßig verteilen und mit den Händen festdrücken. Dabei einen Rand hochziehen. Den Boden mehrfach mit einer Gabel einstechen, mit Backpapier belegen und mit Hülsenfrüchten beschweren. Dann im heißen Ofen (Mitte) 25–30 Minuten blindbacken. Anschließend Backpapier und Hülsenfrüchte entfernen und den Boden gut auskühlen lassen.

2 Für die Schoko-Pannacotta die Orange heiß waschen, trocknen und die Schale fein abreiben. Die Gelatine in kaltem Wasser einweichen. Die Schokolade klein hacken. Sahne mit Milch, Zucker und Orangenabrieb in einem Topf unter Rühren aufkochen. Die Sahnemischung vom Herd nehmen und 1–2 Minuten stehen lassen. Die Gelatine ausdrücken und darin auflösen. Die gehackte Schokolade zugeben und unter Rühren schmelzen. Anschließend den Mascarpone unterrühren. Die Panna-Cotta-Masse auf dem Tarteboden verteilen und mindestens 4 Stunden, am besten über Nacht, im Kühlschrank fest werden lassen.

3 Für die Deko die Schokolade mit einem Sparschäler in Röllchen hobeln. Die Tarte mit Kakao bestäuben. Die Sahne mit Sahnesteif steif schlagen und mithilfe eines Spritzbeutels mit Lochtülle in verschieden großen Tupfen auf die Oberfläche spritzen. Die Spitzen einiger Tupfen mit einem Teelöffel leicht flach drücken, sodass kleine Mulden entstehen. Die Orangenmarmelade durch ein feines Sieb passieren und in die Vertiefungen füllen. Die Tarte mit Schokoröllchen und -raspeln dekoriert servieren.

BLUTORANGEN-TARTE

Für 1 Tarteform (26 cm ∅) • Zubereitung: ca. 1 Std. 10 Min. • Kühlen: mind. 5 Std. 30 Min. • Backen: ca. 25 Min.

Für den Boden:

100 g weiche Butter
75 g Zucker
1 Prise Salz
1 Ei (M)
20 g gemahlene gehäutete
   Mandeln
200 g Mehl

Für die Füllung:

4 Blatt Gelatine
400 g Frischkäse
1 Pck. Vanillezucker
60 g Zucker
50 ml Blutorangensaft
200 g Sahne

Für den Guss:

3 Blatt Gelatine
250 ml Blutorangensaft
2 EL Zucker

Für die Deko:

1 Eiweiß (M)
50 g Zucker
1 Bio-Blutorange
2 Stängel Minze
1 Handvoll Blaubeeren

Außerdem:

Fett für die Form
Mehl zum Arbeiten
Hülsenfrüchte zum Blindbacken
Flambierbrenner

1 Für den Boden Butter und Zucker in einer Schüssel schaumig schlagen. Das Salz und das Ei zufügen und unterrühren. Gemahlene Mandeln und Mehl zugeben und alles glatt kneten. Den Teig zu einer Kugel formen, in Frischhaltefolie wickeln und ca. 1 Stunde kalt stellen.

2 Den Backofen auf 180° (160° Umluft) vorheizen. Die Form fetten. Den Teig auf der leicht bemehlten Arbeitsfläche ausrollen und die Tarteform damit gleichmäßig, auch am Rand, auskleiden. Den Boden mehrfach mit einer Gabel einstechen, dann mit Backpapier und Hülsenfrüchten bedecken und ca. 10 Minuten im heißen Ofen (Mitte) blindbacken. Backpapier und Hülsenfrüchte entfernen und den Boden weitere 10–15 Minuten backen. Aus dem Ofen nehmen und auskühlen lassen.

3 Für die Füllung die Gelatine in kaltem Wasser einweichen. Frischkäse mit Vanillezucker, Zucker und Blutorangensaft glatt rühren. Die Gelatine tropfnass in einem Topf leicht erwärmen, bis sie sich aufgelöst hat (nicht zu heiß werden lassen!). Dann 3 EL der Frischkäsecreme in die Gelatine rühren. Anschließend die Gelatinemischung in die übrige Frischkäsemasse rühren. Die Sahne steif schlagen und unterheben. Die Creme auf dem Tarteboden verteilen und glatt streichen. Die Tarte mindestens 4–6 Stunden, besser aber über Nacht, kalt stellen.

4 Für den Guss die Gelatine in kaltem Wasser einweichen. 50 ml Blutorangensaft mit dem Zucker in einem Topf unter Rühren erhitzen, bis sich der Zucker aufgelöst hat. Vom Herd nehmen, die Gelatine ausdrücken und unterrühren. Den übrigen Blutorangensaft untermischen und den Guss auf die Tarte gießen. Die Tarte ca. 30 Minuten kalt stellen.

5 Für die Deko das Eiweiß mit dem Zucker zu Baiser schlagen. Die Blutorange heiß waschen, trocknen und in dünne Scheiben schneiden. Die Blutorangenscheiben auf der Tarte verteilen. Das Baiser in einen Spritzbeutel mit Lochtülle geben, auf die Tarteoberfläche spritzen und mit dem Flambierbrenner abflämmen. Die Minze abbrausen, trocken schütteln und die Blättchen abzupfen. Die Blaubeeren waschen. Die Tarte mit Minze und Blaubeeren dekorieren und gekühlt servieren.

RHABARBER-TARTE

Für 1 Tarteform (26 cm ∅) • Zubereitung: ca. 40 Min. • Kühlen: ca. 30 Min. • Backen: ca. 40 Min.

Für den Boden:

300 g Mehl
160 g weiche Butter
100 g Zucker
1 Ei (M)
1 Prise Salz

Für die Füllung:

250 g Ricotta
250 g Mascarpone
100 g Sahne
1 Ei (M)
1 TL Speisestärke
60 g Zucker
1 Pck. Vanillezucker

Außerdem:

6 Stangen Rhabarber
80 g Zucker
Mehl zum Arbeiten
Fett für die Form

1 Den Rhabarber waschen und in ca. 2 cm lange Rauten schneiden. Das Schälen des Rhabarbers ist nicht notwendig. Die Rauten mit dem Zucker bestreuen und 30 Minuten ziehen lassen.

2 Inzwischen für den Boden alle Zutaten zu einem glatten Teig verkneten. Den Teig auf der leicht bemehlten Arbeitsfläche rund ausrollen und die gefettete Tarteform damit auskleiden, dabei auch einen kleinen Rand hochziehen. Die Form ca. 30 Minuten kalt stellen.

3 Den Backofen auf 180° (160° Umluft) vorheizen. Den Boden mit einer Gabel mehrfach einstechen. Dann die Tarteform in den heißen Ofen (Mitte) geben und den Boden 10–12 Minuten backen.

4 Inzwischen für die Füllung alle Zutaten in einer Schüssel glatt rühren. Die Füllung auf dem gebackenen Boden verteilen. Die Rhabarberrauten abtropfen lassen (das gezogene Rhabarberwasser dabei auffangen). Die Rauten zu einem gleichmäßigen Muster auf der Füllung anordnen und mit dem aufgefangenen Zuckerwasser bepinseln. Die Form zurück in den Ofen geben und die Tarte in 25–30 Minuten goldbraun backen.

WEISSE SCHOKOTARTE MIT ZUCKERHAAR

Für 1 Tarteform (24 cm ⌀) • Zubereitung: ca. 40 Min. • Kühlen: ca. 1 Std. • Backen: ca. 45 Min.

Für den Boden:

150 g weiche Butter
70 g Puderzucker
1 Ei (M)
1 Prise Salz
250 g Mehl

Für die Füllung:

300 g weiße Kuvertüre
500 g Crème fraîche
4 Eigelb (M)

Für die Deko:

Zuckerhaar (s. S. 50)

Außerdem:

Fett für die Form
Mehl zum Arbeiten
Hülsenfrüchte zum Blindbacken

1 Für den Boden die weiche Butter mit dem Puderzucker in einer Schüssel schaumig schlagen, dann das Ei unterziehen. Salz und Mehl zugeben und alles zu einem glatten Teig verarbeiten. Den Teig zu einer Kugel formen, in Frischhaltefolie wickeln und ca. 1 Stunde kalt stellen.

2 Den Backofen auf 180° (160° Umluft) vorheizen. Die Tarteform fetten. Den Teig auf der leicht bemehlten Arbeitsfläche ausrollen und die Tarteform damit auskleiden, dabei einen gleichmäßigen Rand hochziehen. Den Boden mit einer Gabel mehrfach einstechen, mit Backpapier belegen und mit Hülsenfrüchten beschweren. Dann die Tarteform in den heißen Ofen (Mitte) geben und den Boden 15–20 Minuten blindbacken. Anschließend das Backpapier und die Hülsenfrüchte entfernen.

3 Für die Füllung die weiße Kuvertüre klein hacken und zusammen mit der Crème fraîche über einem heißen Wasserbad unter Rühren bei geringer Hitze schmelzen. Dann die Eigelbe mit einem Schneebesen unterziehen. Die Füllung auf den Boden gießen. Die Tarte wieder in den Ofen geben und in ca. 25 Minuten fertig backen. Anschließend auskühlen lassen und aus der Form lösen. Vor dem Servieren mit Zuckerhaar dekorieren.

Wer keine getrockneten Hülsenfrüchte hat, kann den Boden auch ohne Backpapier und Hülsenfrüchte backen. Sollte sich der Boden beim Backen dann zu sehr nach oben gewölbt haben, diesen einfach in noch ganz heißem Zustand mit einem Löffel oder einem kleinen Teigroller wieder nach unten drücken. Anschließend auskühlen lassen.

Feine Mandelnote

BIRNEN-FRANGIPANE-TARTE

Für 1 Tarteform (26 cm ⌀) • Zubereitung: ca. 45 Min. • Kühlen: ca. 30 Min. • Backen: ca. 50 Min.

Für den Boden:

1 Bio-Orange
240 g Mehl
80 g Zucker
1 Prise Salz
150 g kalte Butter
1 Ei (M)

Für die Füllung:

1 Bio-Orange
120 g weiche Butter
120 g Zucker
120 g gemahlene gehäutete
   Mandeln
3 Eier (M)
1 EL Mehl
1 Prise Zimtpulver (nach
   Belieben)
3 große reife Birnen

Für die Deko:

Puderzucker zum Bestäuben
1 Handvoll essbare Blüten
   (nach Belieben)

Außerdem:

Fett für die Form
Vanilleeis zum Servieren

1 Für den Boden die Orange heiß waschen, trocknen und die Schale fein abreiben. Mehl, Zucker, Salz und Orangenabrieb mischen. Die kalte Butter in kleine Stücke schneiden, zugeben und mit dem Mehl krümelig reiben, bis keine größeren Butterklümpchen mehr vorhanden sind. Dann das Ei unterkneten. Den Teig zu einer Kugel formen, in Frischhaltefolie wickeln und 30 Minuten im Kühlschrank ruhen lassen.

2 Die Tarteform fetten. Den Teig in die Tarteform geben, mit den Händen gleichmäßig darin verteilen und festdrücken. Dabei auch einen Rand hochziehen. Den Backofen auf 180° (160° Umluft) vorheizen.

3 Für die Füllung die Orange heiß waschen, trocknen und die Schale fein abreiben. Die weiche Butter mit dem Zucker in einer Schüssel schaumig schlagen. Zunächst die Mandeln, dann nacheinander die Eier einrühren. Mehl, Orangenabrieb und nach Belieben Zimt untermischen.

4 Die Birnen waschen und halbieren, dann entkernen und in dünne Scheiben schneiden. Die Füllung auf dem Boden verteilen und die Birnenscheiben darauf anordnen. Die Tarte in den heißen Ofen (Mitte) geben und in 40–50 Minuten goldbraun backen. Sollte die Oberfläche zu dunkel werden, die Tarte locker mit Alufolie abdecken.

5 Für die Deko die Birnen-Frangipane-Tarte vor dem Servieren mit Puderzucker bestäuben und nach Belieben mit essbaren Blüten garnieren. Mit Vanilleeis servieren. Schmeckt warm und kalt.

PASSIONSFRUCHT-KÄSESAHNE

Für 1 Springform (26 cm ⌀) • Zubereitung: ca. 1 Std. 30 Min. • Backen: ca. 30 Min. • Kühlen: mind. 9 Std.

Für den Teig:

4 Eier (M)
150 g Zucker
1 Pck. Vanillezucker
60 g Mehl
60 g Speisestärke
½ TL Backpulver

Für die Füllung:

500 g Magerquark
250 g Mascarpone
130 g Zucker
1 Pck. Vanillezucker
10 Blatt Gelatine
250 ml Maracujasaft
425 g Sahne

Für den Guss:

250 ml Maracujasaft
1 EL Zucker
1 Pck. Tortenguss (weiß)
2 Maracujas

Für die Deko:

1 Maracuja
1 Handvoll essbare Blüten

Außerdem:

Torten- oder hoher Springform-
ring (ca. 26 cm ⌀)

1 Den Backofen auf 200° (180° Umluft) vorheizen. Den Boden der Form mit Backpapier auslegen. Für den Teig die Eier trennen. Eiweiße mit Zucker und Vanillezucker steif schlagen. Eigelbe vorsichtig unterrühren, der Eischnee sollte dabei nicht komplett zusammenfallen. Mehl mit Stärke und Backpulver mischen und unterheben (Step 1). Den Teig in die Form füllen und 25–30 Minuten im heißen Ofen (Mitte) backen. Stäbchenprobe machen! Anschließend auskühlen lassen. Den Boden aus der Form lösen und waagerecht durchschneiden (Step 2). Den unteren Boden auf eine Tortenplatte setzen. Einen Torten- oder Springformring anlegen.

2 Für die Füllung Quark und Mascarpone in einer Schüssel verrühren. Zucker und Vanillezucker unterrühren. Die Gelatine in kaltem Wasser einweichen. 4 EL Maracujasaft in einen Topf geben. Den restlichen Saft in die Quarkmasse rühren. Den Saft im Topf mit der ausgedrückten Gelatine erwärmen und alles verrühren, bis sich die Gelatine verflüssigt hat. Nicht zu heiß werden lassen! Den Topf vom Herd nehmen und 2 EL Quarkmasse einrühren (Step 3). Dann den Topfinhalt zur Quark-Mascarpone-Mischung geben und alles verrühren. Die Füllung 20 Minuten kalt stellen.

3 Die Sahne steif schlagen, ca. 2 EL für die Deko kalt stellen. Die restliche Sahne unter die Quarkmasse heben. Die Hälfte der Füllung auf dem Boden glatt streichen. Den zweiten Boden darauflegen (Step 4) und die restliche Creme darauf glatt verstreichen. Die Torte über Nacht in den Kühlschrank stellen. Für den Guss Maracujasaft, Zucker und Tortenguss kurz aufkochen. Die Maracujas halbieren, das Fruchtfleisch auslösen und in den Guss rühren. Alles abkühlen lassen, dann auf die Torte gießen. Die Torte erneut 1–2 Stunden kalt stellen.

4 Vor dem Servieren den Ring vorsichtig mithilfe eines dünnen Messers vom Rand der Käsesahne lösen. Für die Deko die Maracuja halbieren. Die Torte mit Maracujahälften, kleinen Sahnetupfern und essbaren Blüten garnieren. Die Passionsfrucht-Käsesahne gekühlt servieren.

SCHRITT FÜR SCHRITT
zum exotischen Hingucker

1.

Nachdem ich die Eiweiße mit den beiden Zuckersorten steif geschlagen und anschließend vorsichtig mit den Eigelben vermengt habe, hebe ich die Mehlmischung behutsam unter. So wird der Teig schön fluffig.

2.

Den fertig gebackenen Teig schneide ich mit einem langen Messer möglichst gleichmäßig und genau mittig waagerecht durch, sodass ich zwei exakt gleich dicke Böden erhalte.

3.

Damit ich die unterschiedlichen Temperaturen der heißen Gelatinemischung und der kalten Quarkmasse angleichen kann, mische ich erst einmal nur 2 EL der Quarkmasse in die Gelatinemischung.

4.

Beim Zusammenbauen der Torte achte ich darauf, dass ich genau die Hälfte der Füllung gleichmäßig auf dem ersten Boden verstreiche. Darauf setze ich dann vorsichtig und möglichst gerade den zweiten Boden.

Sehr erfrischend

ZITRONEN-TORTE MIT MINZE

Für 1 Torte (ca. 20 cm ⌀) • Zubereitung: ca. 1 Std. 10 Min. • Backen: ca. 30 Min. • Kühlen: mind. 4 Std. 30 Min.

Für den Biskuit:

1 Bio-Zitrone
6 Eier (M)
1 Prise Salz
170 g Zucker
1 Pck. Vanillezucker
200 g Mehl
30 g Speisestärke
1 TL Backpulver

**Für die Zitronen-Minz-
Creme:**

8 Blatt Gelatine
1 Bund Minze
1 Bio-Zitrone
250 ml Buttermilch
130 g Zucker
90 ml Zitronensaft
600 g Sahne

Für den Überzug:

150 g weiche Butter
170 g Puderzucker
200 g Frischkäse

Für die Deko:

4 Bio-Zitronen
2 Bio-Limetten
1 Handvoll Minzblätter

Außerdem:

Tortenring (ca. 20 cm ⌀)

1 Den Backofen auf 180° (160° Umluft) vorheizen. Zwei Springformen (20 cm ⌀) mit Backpapier auslegen. Für den Biskuit die Zitrone heiß waschen, trocknen und die Schale fein abreiben. Eier trennen und die Eiweiße mit Salz steif schlagen. Beide Zucker und Zitronenabrieb zugeben und weiterschlagen, bis die Masse glänzt. Die Eigelbe nacheinander unterziehen. Mehl mit Stärke und Backpulver mischen, auf die Eiermasse sieben und unterheben. Den Teig in zwei gleich schwere Hälften teilen und in die beiden Formen füllen. Die Böden im heißen Ofen (Mitte) 25–30 Minuten backen. Stäbchenprobe machen! Anschließend auskühlen lassen. Die Böden aus den Formen lösen und je einmal waagerecht durchschneiden.

2 Für die Zitronen-Minz-Creme die Gelatine in kaltem Wasser einweichen. Die Minze abbrausen, trocken schütteln und die Blätter sehr fein hacken oder in einem Mörser zermahlen. Die Zitrone heiß waschen, trocknen und die Schale fein abreiben. Buttermilch, Zucker, Zitronenabrieb und -saft verrühren, die Minzblätter untermischen. Die Gelatine tropfnass in einem kleinen Topf bei geringer Hitze auflösen (nicht zu warm werden lassen). Den Topf sofort vom Herd nehmen und 2 EL der Buttermilchmasse unterrühren. Dann die Gelatinemischung in die übrige Buttermilchmasse rühren. Die Creme 20–30 Minuten kalt stellen, bis sie zu gelieren beginnt. Die Sahne steif schlagen und unterheben.

3 Den ersten Tortenboden in einen Tortenring legen und mit ca. einem Drittel der Creme bestreichen. Einen weiteren Tortenboden darauflegen und diesen ebenfalls mit ca. einem Drittel Creme bestücken. Mit dem dritten Boden ebenfalls so verfahren. Den vierten Boden obenauf legen. Dann die Torte mindestens 4 Stunden, besser über Nacht, kalt stellen. Für den Überzug die weiche Butter mit dem Puderzucker einige Minuten schaumig schlagen. Dann den Frischkäse schnell unterrühren. Die Torte komplett damit einstreichen. Für die Deko die Zitrusfrüchte heiß waschen und trocknen. Etwas Schale in dünnen Streifen abziehen und die Früchte in dünne Scheiben schneiden, diese rundum auf der Buttercreme aufbringen. Die Torte mit Minzblättern und Schale dekoriert servieren.

ERDBEER-CHARLOTTE

Für 1 Springform (20 cm ⌀) • Zubereitung: ca. 1 Std. • Backen: ca. 25 Min. • Kühlen: mind. 4 Std.

Für den Biskuit:

4 Eier (M)
100 g Zucker
1 Pck. Vanillezucker
1 Prise Salz
100 g Mehl
30 g Speisestärke
1 TL Backpulver

Für die Füllung:

500 g Erdbeeren
6 Blatt Gelatine
600 g Magerquark
300 g Frischkäse
250 g Mascarpone
100 g Zucker
1 Pck. Vanillezucker

Für die Deko:

1 EL gehackte Pistazienkerne
1 Handvoll Gänseblümchen
  (nach Belieben)

Außerdem:

Schüssel mit rundem Boden
  (20 cm ⌀)

1 Den Backofen auf 180° (160° Umluft) vorheizen. Die Springform mit Backpapier auslegen. Für den Biskuit die Eier mit Zucker, Vanillezucker und Salz cremig aufschlagen. Die Masse sollte schön hellgelb und luftig werden. Dann das Mehl mit der Speisestärke und dem Backpulver vermischen, in die Eiermasse sieben und unterheben.

2 Den Teig in die Form füllen und im heißen Ofen (Mitte) 20–25 Minuten backen. Stäbchenprobe machen! Anschließend gut auskühlen lassen. Den Biskuitboden stürzen, das Backpapier abziehen und den Boden quer halbieren. Aus einem der Böden einen Kreis (ca. 17 cm ⌀) ausschneiden.

3 Für die Füllung die Erdbeeren waschen und putzen; 200 g Beeren fein pürieren. Die übrigen Beeren in dünne Scheiben schneiden. Die Gelatine in kaltem Wasser einweichen. Quark, Frischkäse, Mascarpone, Zucker und Vanillezucker cremig rühren. Das Erdbeerpüree unterrühren.

4 Die Gelatine tropfnass in einem kleinen Topf erwärmen, bis sie sich aufgelöst hat (dabei darf sie keinesfalls zu heiß werden). Dann sofort vom Herd nehmen und 2 EL der Quarkcreme einrühren. Anschließend die Gelatinemischung in die übrige Quarkcreme rühren.

5 Die Schüssel mit Frischhaltefolie auslegen und dicht an dicht mit den Erdbeerscheiben auskleiden (Step 1). Dann ca. ein Drittel der Quarkmasse in die Schüssel füllen (Step 2) und den kleineren Biskuitboden darauflegen. Die übrige Creme darauf verstreichen und den zweiten Biskuitboden obenauf legen (Step 3). Die Erdbeer-Charlotte mindestens 4 Stunden, besser noch über Nacht, in den Kühlschrank stellen.

6 Zum Servieren die Charlotte vorsichtig auf eine Tortenplatte stürzen. Die Schüssel samt Frischhaltefolie abziehen (Step 4) und die Charlotte mit gehackten Pistazien und nach Belieben Gänseblümchen dekorieren.

SCHRITT FÜR SCHRITT
zum Erdbeerglück

1.

Ich achte beim Auslegen der Erdbeerscheiben darauf, dass keine Lücken entstehen und die Scheiben möglichst
gleich groß und dick sind. So erhält die
Erdbeer-Charlotte eine schöne und ein-
heitliche Ummantelung.

2.

Dann fülle ich ca. ein Drittel der Creme
in die Schüssel. Hier ist ein bisschen
Augenmaß gefragt – der erste Teil der
Füllung sollte nicht ganz bis zur Hälfte
der Schüssel reichen, damit der erste
Boden schön mittig liegt.

3.

Nachdem ich den Rest der Creme auf den ersten Boden gefüllt habe, lege ich den zweiten Boden behutsam als Abschluss obenauf.

4.

Sobald die Erdbeer-Charlotte ausreichend gekühlt und fest geworden ist, stürze ich sie vorsichtig auf eine Tortenplatte. Anschließend ziehe ich die Schüssel samt Frischhaltefolie ab.

BEEREN-WICKELTORTE

Für 1 Springform (26 cm ⌀) • Zubereitung: ca. 1 Std. 30 Min. • Backen: ca. 40 Min. • Kühlen: mind. 5 Std.

Für den Boden:

120 g Mehl
60 g Zucker
60 g weiche Butter
50 ml Milch
1 Prise Salz

Für den Biskuit:

4 Eier (M)
80 g Zucker
1 Prise Salz
1 Pck. Vanillezucker
100 g Mehl
75 g Speisestärke
1 Pck. Backpulver

Für die Füllung:

6 Blatt Gelatine
500 g Sahne
250 g Magerquark
250 g Mascarpone
60 g Zucker
1 Pck. Vanillezucker
350 g Waldbeermarmelade

Für die Deko:

50 g Sahne
1 Handvoll gemischte Beeren
1 Handvoll Minzblätter

Außerdem:

Fett für die Form
Tortenring (ca. 26 cm ⌀)

1 Den Backofen auf 180° (160° Umluft) vorheizen. Die Form fetten. Für den Boden alle Zutaten zu einem glatten Teig verkneten. Den Teig in die Form geben, gleichmäßig verteilen und mit den Händen gut festdrücken; ein Rand wird nicht benötigt. Den Boden mehrfach mit einer Gabel einstechen und im heißen Ofen (Mitte) in 13–15 Minuten goldgelb backen.

2 Ein Backblech mit Backpapier auslegen. Für den Biskuit Eier mit Zucker, Salz und Vanillezucker cremig aufschlagen. Das Mehl mit der Speisestärke und dem Backpulver mischen, auf die Eiermasse sieben und unterheben. Den Teig gleichmäßig auf dem Backblech verstreichen. Dann im heißen Ofen (Mitte) 20–25 Minuten backen, bis der Biskuit gerade durchgebacken, aber noch schön saftig ist. Abkühlen lassen.

3 Für die Füllung die Gelatine in kaltem Wasser einweichen. Die Sahne steif schlagen. Magerquark mit Mascarpone, Zucker und Vanillezucker cremig rühren. Die Sahne unterheben. Die Gelatine tropfnass in einem Topf erwärmen, bis sie geschmolzen ist (nicht zu heiß werden lassen). Den Topf vom Herd nehmen und 2 EL der Quarkcreme einrühren. Dann die Gelatinemischung in die übrige Quarkcreme rühren.

4 Den Mürbeteigboden auf eine Kuchenplatte legen und mit 2 EL Marmelade bestreichen. Die übrige Marmelade gleichmäßig auf dem Biskuitboden verstreichen. Darauf die Quarkcreme verteilen und glatt streichen. Die bestrichene Biskuitplatte 3–4 Stunden kalt stellen. Anschließend quer in sechs exakt gleich breite Streifen schneiden. Den ersten Streifen zu einer Schnecke aufwickeln und mit der Füllung nach oben zeigend in die Mitte des Mürbeteigbodens setzen. Die weiteren Streifen einzeln nacheinander um die Schnecke wickeln. Einen Tortenring um die Schnecke stellen und die Wickeltorte erneut ca. 2 Stunden kalt stellen.

5 Für die Deko die Sahne steif schlagen und mit einem Spritzbeutel samt Tülle auf die Torte spritzen. Mit Beeren und Minze dekorieren.

Schicht für Schicht ein Genuss

HIMBEER-SCHOKO-TORTE

Für 2 Springformen (à 20 cm ⌀) • Zubereitung: ca. 1 Std. 10 Min. • Backen: ca. 35 Min. • Kühlen: mind. 4 Std. 30 Min.

Für den Schokobiskuit:

6 Eier (M)
160 g Zucker
1 Pck. Vanillezucker
1 Prise Salz
150 ml Öl
100 ml Milch
180 g Mehl
2 EL Kakaopulver
2 TL Backpulver

Für die Himbeerfüllung:

10 Blatt Gelatine
380 g TK-Himbeeren
100 g Zucker
250 g Mascarpone
200 g griechischer Joghurt
600 g Sahne
2 Pck. Sahnesteif

Für die Creme:

600 g Sahne
2 Pck. Sahnesteif
Rosa Lebensmittelfarbe
    (nach Belieben)

Für die Deko:

1 Handvoll Himbeeren
Schokoladenraspel zum
    Bestreuen
Lange Schokostreifen (s. S. 112)

Außerdem:

Tortenring (20 cm ⌀)

1 Den Backofen auf 180° (160° Umluft) vorheizen. Die Springformen mit Backpapier auslegen. Für den Schokobiskuit die Eier mit Zucker, Vanillezucker und Salz cremig aufschlagen. Das Öl und die Milch zugießen und zügig unterrühren. Das Mehl mit Kakao und Backpulver mischen, auf die Eiermasse sieben und behutsam unterheben.

2 Den Biskuitteig in zwei gleich schwere Hälften teilen und auf die beiden Springformen verteilen. Die Böden im heißen Ofen (Mitte) ca. 35 Minuten backen. Stäbchenprobe machen! Anschließend auskühlen lassen und aus den Formen lösen. Beide Böden waagerecht durchschneiden, sodass man insgesamt vier gleich dicke Böden erhält.

3 Für die Himbeerfüllung die Gelatine in kaltem Wasser einweichen. Die Himbeeren mit dem Zucker in einem Topf kurz aufkochen, dabei gut umrühren. Dann vom Herd nehmen. Die Gelatine ausdrücken und in den noch heißen Himbeeren auflösen. Mascarpone und Joghurt cremig rühren, dann 3 EL unter die Himbeer-Gelatine-Masse mischen. Anschließend die Himbeeren mit der übrigen Mascarponemasse verrühren. Die Füllung ca. 30 Minuten kalt stellen, bis sie leicht zu gelieren beginnt. Die Sahne mit dem Sahnesteif steif schlagen und unterheben.

4 Den ersten Boden auf eine Tortenplatte legen und einen hohen Tortenring anlegen. Dann ein Drittel der Himbeercreme darauf verteilen und den zweiten Boden darauflegen. Mit der restlichen Creme und den übrigen Böden so fortfahren. Mit dem vierten Boden abschließen. Die Torte mindestens 4 Stunden, besser über Nacht, kalt stellen.

5 Den Tortenring vorsichtig lösen. Für die Creme die Sahne mit dem Sahnesteif steif schlagen. Nach Belieben mit Lebensmittelfarbe einfärben. Die Torte komplett mit Sahnecreme bestreichen. Die übrige Sahne mit einem Spritzbeutel samt Loch- oder Sterntülle obenauf spritzen.

6 Für die Deko die Himbeeren auf der Torte verteilen und mit Schokoraspeln bestreuen. Die Schokostreifen senkrecht rundum am Rand anbringen und leicht festdrücken. Die Torte gekühlt servieren.

SCHÖNES AUS *Schokolade*

1. LANGE SCHOKOSTREIFEN

200 g Schokolade klein hacken und über einem heißen Wasserbad schmelzen. Dann dünn auf einen Bogen Backpapier aufstreichen.

Einen zweiten Bogen Backpapier darauflegen und alles um ein Nudelholz rollen. Etwa 1 Stunde kalt stellen.

Sobald die Schokolade fest ist, das Backpapier wieder aufrollen. Dabei entstehen breite Schokostreifen.

2. SCHOKORÖLLCHEN

100 g Kuvertüre klein hacken und über einem heißen Wasserbad bei geringer Hitze schmelzen.

Auf der Arbeitsfläche dünn verstreichen und etwas abkühlen lassen.

Dann mit einem dünnen Spachtel die Schokolade vom Untergrund lösen und zu Röllchen formen.

3. SCHOKOBLÄTTER

50 g Kuvertüre schmelzen. Mit einem Löffel je einen Kleks Kuvertüre auf einen Bogen Backpapier geben.

Mit einem Löffel langziehen und das Backpapier in eine Vertiefung, z. B. ein Baguetteblech legen.

So werden die Blätter leicht gebogen. Die Schokolade trocknen lassen. Dann die Schokoblätter vom Backpapier lösen.

4. SCHOKOSPIRALEN

100 g Kuvertüre bei geringer Hitze über einem heißen Wasserbad schmelzen. Mit einem Esslöffel flüssige Kuvertüre abnehmen.

Die Kuvertüre in kreisförmigen Bewegungen dünn auf ein mit Backpapier ausgelegtes Blech fließen lassen.

Die so entstandenen Schokospiralen trocknen lassen und anschließend vorsichtig vom Backpapier lösen.

HURRICANE-BISKUITROLLE MIT BLAUBEEREN

Für 1 Biskuitrolle • Zubereitung: ca. 1 Std. • Backen: ca. 12 Min. • Kühlen: ca. 15 Min.

Für den Biskuit:

4 Eier (M)

1 Prise Salz

110 g Zucker

1 Pck. Vanillezucker

100 g Mehl

1 TL Backpulver

1 TL Kakaopulver

1–2 EL Milch

Für die Füllung:

5 Blatt Gelatine

150 g griechischer Joghurt

250 g Magerquark

70 g Zucker

300 g Sahne

250 g Blaubeeren

Für die Deko:

300 g Sahne

1 Pck. Sahnesteif

1 Handvoll Blaubeeren

Lilafarbene und weiße
  Hornveilchen

Außerdem:

Zucker zum Bestreuen

1 Den Backofen auf 180° (160° Umluft) vorheizen. Ein Backblech mit Backpapier auslegen. Für den Biskuit die Eier trennen. Die Eiweiße mit dem Salz steif schlagen. Dabei Zucker und Vanillezucker einrieseln lassen. Die Eigelbe unterrühren. Mehl und Backpulver mischen, auf die Eiermasse sieben und unterheben. Etwa ein Drittel vom Teig entnehmen und das Kakaopulver und die Milch einrühren.

2 Den hellen Teig auf dem Backblech glatt streichen. Den dunklen Teig gleichmäßig darauf verteilen – er sollte den hellen Teig möglichst komplett bedecken. Dazu am besten den dunklen Teig in einen Spritzbeutel füllen, aufspritzen und mit einer Winkelpalette vorsichtig verstreichen (Step 1). Den Teig mit einem Kochlöffelstiel marmorieren. Dabei den Stiel zunächst mehrfach quer von rechts nach links durch den Teig ziehen (Step 2), anschließend längs von rechts nach links (Step 3). Den Teig im heißen Ofen (Mitte) 10–12 Minuten backen und auf ein mit Zucker bestreutes Geschirrtuch stürzen. Das Backpapier abziehen und den Biskuitboden mit dem Tuch vorsichtig aufrollen. Abkühlen lassen.

3 Für die Füllung die Gelatine in kaltem Wasser einweichen. Joghurt mit Quark und Zucker verrühren. Die tropfnasse Gelatine in einem Topf erwärmen und darin auflösen (sie darf nicht zu heiß werden). Etwa 2 EL der Joghurtcreme einrühren, dann die Gelatinemischung mit der restlichen Joghurtcreme verrühren. Die Creme ca. 15 Minuten kalt stellen. Sobald sie zu gelieren beginnt, die Sahne steif schlagen und unterheben.

4 Den Biskuitboden wieder aufrollen und die Creme gleichmäßig darauf verstreichen. Die Blaubeeren waschen, trocken tupfen und darauf verteilen. Den Biskuit eng zu einer Rolle aufrollen (Step 4). Für die Deko die Sahne mit dem Sahnesteif steif schlagen und auf die Rolle spritzen. Mit Blaubeeren und Hornveilchen dekorieren.

SCHRITT FÜR SCHRITT
zur zweifarbigen Biskuitrolle

1.

Um den dunklen Teig gleichmäßig dick auf dem hellen Teig zu verteilen, fülle ich ihn zunächst in einen Spritzbeutel und spritze ihn auf. Anschließend verstreiche ich ihn behutsam. Dafür verwende ich eine Winkelpalette.

2.

Um die zwei verschiedenen Teigfarben miteinander zu marmorieren, ziehe ich zunächst quer von rechts nach links mit einem Kochlöffelstiel regelmäßige Bahnen durch den Teig.

3.

Diesen Schritt wiederhole ich dann längs und ziehe wieder mit dem Kochlöffelstiel von rechts nach links Bahnen durch den Teig.

4.

Das Geschirrtuch hilft, den Teig samt Füllung gleichmäßig aufzurollen. Dabei sollte die Roulade nur so eng gerollt werden, dass die Füllung an den Enden nicht herausgedrückt wird.

Zartlila

BROMBEER-KÄSESAHNE-TORTE

Für 1 Springform (26 cm ⌀) • Zubereitung: ca. 1 Std. • Backen: ca. 30 Min. • Kühlen: mind. 4 Std. 30 Min.

Für den Biskuit:

6 Eier (M)
1 Prise Salz
160 g Zucker
1 Pck. Vanillezucker
250 g Mehl
1 Pck. Backpulver

Für die Füllung:

1 Zitrone
12 Blatt Gelatine
300 g Brombeeren
200 g Blaubeeren
500 g Magerquark
250 g Mascarpone
200 g Schmand
240 g Zucker
1 Pck. Vanillezucker
400 g Sahne

Für die Deko:

400 g Sahne
1 Pck. Sahnesteif
Puderzucker zum Bestäuben
1 Handvoll Brombeeren und
    Blaubeeren
Lange lilafarbene Baiserstangen
    (s. S. 154)

Außerdem:

Tortenring (26 cm ⌀)

1 Den Backofen auf 180° (160° Umluft) vorheizen. Die Springform mit Backpapier auslegen. Für den Biskuit die Eier mit Salz, Zucker und Vanillezucker cremig schlagen. Mehl mit Backpulver mischen, auf die Eiermasse sieben und unterheben. Den Teig in die Form füllen und im heißen Ofen (Mitte) ca. 30 Minuten backen. Stäbchenprobe machen! Anschließend auskühlen lassen, dann aus der Form lösen und waagerecht halbieren. Den oberen Teil des Bodens mit der Schnittfläche nach oben auf eine Tortenplatte legen. Einen Tortenring anlegen.

2 Für die Füllung die Zitrone halbieren und den Saft auspressen. Die Gelatine in kaltem Wasser einweichen. Die Brombeeren und Blaubeeren verlesen und bei Bedarf vorsichtig waschen. Dann mit dem Zitronensaft fein pürieren. Das Beerenpüree kurz in einem Topf aufkochen, vom Herd nehmen und die ausgedrückte Gelatine darin auflösen.

3 Den Magerquark mit dem Mascarpone, Schmand, Zucker und Vanillezucker cremig rühren. Etwa 3 EL Quarkcreme in die Beeren-Gelatine-Masse rühren. Anschließend die Beeren unter die übrige Quarkmasse rühren. Die Füllung ca. 30 Minuten kalt stellen, bis sie leicht zu gelieren beginnt. Dann die Sahne steif schlagen und unterheben.

4 Die Beerenfüllung auf den Tortenboden geben und darauf gleichmäßig verteilen. Die untere Biskuithälfte mit der Schnittfläche nach unten behutsam darauflegen. Die Käsesahne-Torte nun mindestens 4 Stunden, besser noch über Nacht, in den Kühlschrank stellen.

5 Für die Deko die Sahne mit dem Sahnesteif steif schlagen und in einen Spritzbeutel mit Stern- oder Lochtülle füllen. Die Oberfläche der Torte mit Puderzucker bestäuben und Sahnetuffs aufspritzen. Mit Brombeeren, Blaubeeren und Baiserstangen dekorieren und gekühlt servieren.

Sündhaft gut!

SALTED-CARAMEL-TORTE

Für 1 Springform (20 cm ⌀) • Zubereitung: ca. 1 Std. 20 Min. • Backen: ca. 40 Min. • Kühlen: mind. 1 Std.

Für die Böden:
6 Eier (M)
180 g Zucker
1 Pck. Vanillezucker
200 g Mehl
1 gestr. TL Backpulver

Für das Salted Caramel:
200 g Zucker
80 g Butter
120 g Sahne
1 Prise Salz

Für die Creme:
750 g Mascarpone
750 g Sahne
6 EL Salted Caramel (s. o.)

Für die Deko:
Karamellscheiben (s. S. 50)
4 EL Mandelkrokant (nach
  Belieben)

1 Den Backofen auf 180° (160° Umluft) vorheizen. Die Springform mit Backpapier auslegen. Für die Böden die Eier trennen. Die Eiweiße steif schlagen, dabei den Zucker und den Vanillezucker einrieseln lassen. Anschließend die Eigelbe unterziehen. Das Mehl mit dem Backpulver mischen, in die Eiermasse sieben und vorsichtig unterheben.

2 Den Teig in die Springform füllen, glatt streichen und im heißen Ofen (Mitte) 35–40 Minuten backen. Stäbchenprobe machen! Den Biskuit auskühlen lassen, aus der Form nehmen und zweimal waagerecht durchschneiden, sodass man drei gleich dicke Tortenböden erhält.

3 Für das Salted Caramel den Zucker in einem Topf karamellisieren lassen. Sobald er goldgelb ist, den Topf vom Herd nehmen und sofort die Butter einrühren. Dann die Sahne zugießen und so lange rühren, bis alles wieder geschmolzen ist. Das Karamell noch kurz köcheln lassen, bis es etwas eingedickt ist (nicht zu lange köcheln lassen, da es beim Abkühlen noch fester wird). Anschließend das Salz unterrühren.

4 Für die Creme den Mascarpone und die Sahne in einer Schüssel cremig rühren, dann das Salted Caramel untermischen. Den ersten Biskuitboden auf eine Tortenplatte legen und mit einer Schicht Creme bestreichen. Dann mithilfe eines Spritzbeutels samt Lochtülle einen Cremering am äußeren Rand aufspritzen (Step 1). Im Inneren des Rings eine Schicht Salted Caramel verteilen (Step 2). Das Salted Caramel mit Creme bedecken und den zweiten Boden daraufsetzen (Step 3).

5 Darauf wie beim ersten Boden eine Schicht Creme geben, außen einen Cremering aufspritzen, diesen mit Salted Caramel füllen und mit einer weiteren Schicht Creme abschließen. Mit dem dritten Boden genauso verfahren. Die Torte rundum mit Creme bestreichen (Step 4). Die übrige Creme als Tuffs obenauf spritzen. Die Torte mindestens 1 Stunde kalt stellen. Vor dem Servieren mit Karamellscheiben und nach Belieben am unteren äußeren Rand mit Krokant dekorieren.

SCHRITT FÜR SCHRITT
zur cremigen Karamelltorte

1.

Für diese Torte benötige ich unbedingt einen Spritzbeutel! Nachdem ich die erste Schicht Creme auf dem ersten Boden verteilt habe, spritze ich einen Ring aus Creme an den äußeren Rand.

2.

Dieser Ring hilft, dass das flüssige Karamell, das ich mithilfe eines Esslöffels auf der Creme verteile, nicht am Rand der Torte herunterlaufen kann.

3.

Nachdem ich die Karamellschicht mit einer weiteren Schicht Creme bedeckt habe, lege ich behutsam den zweiten Boden darauf.

4.

Sobald auch der dritte Boden als Abschluss obenauf liegt, bestreiche ich die komplette Torte, auch am Rand, mit Creme. Dazu nehme ich entweder einen Spatel oder eine Winkelpalette.

Cremig-lecker

EIERLIKÖRTORTE

Für 1 Springform (26 cm ⌀) • Zubereitung: ca. 55 Min. • Backen: ca. 1 Std. • Kühlen: mind. 5 Std. 30 Min.

Für den Boden:

250 g weiche Butter
250 g Zucker
4 Eier (M)
250 g Mehl
1 Pck. Backpulver
250 ml Eierlikör
100 g Schokoladenraspel

Für die Füllung:

10 Blatt weiße Gelatine
500 g Quark
200 g Zucker
200 ml Eierlikör
800 g Sahne

Für den Guss:

2 Blatt Gelatine
100 ml Eierlikör

Für die Deko:

200 g Sahne
2 EL Schokoladenraspel

Außerdem:

Fett für die Form
Tortenring (26 cm ⌀)

1 Den Backofen auf 180° (160° Umluft) vorheizen. Die Springform fetten. Für den Boden die weiche Butter mit dem Zucker schaumig schlagen. Die Eier nacheinander unterziehen. Dann Mehl und Backpulver sowie den Eierlikör unterrühren. Die Schokoladenraspel unterheben.

2 Den Teig in die Form füllen und im heißen Ofen (Mitte) in 50–60 Minuten goldbraun backen. Stäbchenprobe machen! Den Boden auskühlen lassen, aus der Form nehmen und auf eine Tortenplatte setzen.

3 Für die Füllung die Gelatine in kaltem Wasser einweichen. Den Quark mit dem Zucker und dem Eierlikör in einer Schüssel glatt rühren. Die tropfnasse Gelatine in einem Topf unter Rühren erwärmen, bis sie sich aufgelöst hat. Dann sofort vom Herd nehmen, sie darf keinesfalls zu heiß werden. Etwa 2 EL der Quarkmasse in die Gelatine rühren, anschließend die Gelatinemasse zur Quarkmasse geben und alles gut verrühren. Die Füllung ca. 15 Minuten in den Kühlschrank stellen, bis sie ganz leicht zu gelieren beginnt. Dann die Sahne steif schlagen und unterheben.

4 Um den Boden einen Tortenring spannen, die Quarkcreme einfüllen und die Oberfläche glatt streichen. Die Torte mindestens 5–6 Stunden, besser jedoch über Nacht im Kühlschrank fest werden lassen.

5 Für den Guss die Gelatine kurz in kaltem Wasser einweichen. Dann in einem Topf erwärmen, unter Rühren auflösen und in den Eierlikör rühren. Den Guss auf die Torte geben und gleichmäßig verteilen. Anschließend kurz im Kühlschrank fest werden lassen.

6 Für die Deko die Sahne steif schlagen, in einen Spritzbeutel mit Stern- oder Lochtülle füllen und rundherum auf die Torte spritzen. Die Eierlikörtorte mit Schokoladenraspeln dekorieren und servieren.

ZEBRATORTE

Für 1 Springform (26 cm ⌀) • Zubereitung: ca. 1 Std. • Backen: ca. 25 Min. • Kühlen: mind. 4 Std.

Für den Biskuit:

90 g Zucker

1 Pck. Vanillezucker

3 Eier (M)

90 g Mehl

20 g Speisestärke

10 g schwarzes Kakaopulver (ersatzweise herkömmliches Kakaopulver)

½ Pck. Backpulver

Für die Zebracreme:

10 Blatt Gelatine

4 Eigelb (M)

200 g Zucker

250 ml Milch

1 Zitrone

750 g Magerquark (ersatzweise Speisequark, 20 % Fett)

500 g Sahne

2 EL schwarzes Kakaopulver (ersatzweise herkömmliches Kakaopulver)

Außerdem:

Torten- oder hoher Springform-ring (ca. 26 cm ⌀)

1 Den Backofen auf 180° (160° Umluft) vorheizen. Die Springform mit Backpapier auslegen. Für den Biskuit Zucker, Vanillezucker und Eier in einer Schüssel schaumig schlagen. Mehl, Speisestärke, Kakaopulver und Backpulver vermischen. Dann die Mehlmischung auf die Eiermasse sieben und unterheben. Den Teig in die Springform füllen und im heißen Ofen (Mitte) ca. 25 Minuten backen. Stäbchenprobe machen!

2 Für die Zebracreme die Gelatine in kaltem Wasser einweichen. Eigelbe, Zucker und Milch in einem Topf verrühren und unter Rühren kurz aufkochen lassen. Dann sofort den Topf vom Herd ziehen und kurz stehen lassen. Die Gelatine ausdrücken und in der warmen Milchcreme auflösen, dabei gut umrühren (Step 1). Die Creme etwas abkühlen lassen. Die Zitrone halbieren und den Saft auspressen. Den Quark mit dem Zitronensaft vermischen und unter die Creme rühren. Die Sahne steif schlagen und unterheben. Die Quarkmasse halbieren und eine Hälfte mit dem schwarzen Kakaopulver verrühren (Step 2).

3 Den ausgekühlten Biskuitboden aus der Form nehmen und auf eine Kuchenplatte setzen. Einen Torten- oder Springformring eng am Biskuit anlegen. An zwei verschiedenen Stellen auf dem Biskuitboden abwechselnd die beiden Cremes schichten. Zunächst je 1 EL helle Creme auf den Boden geben (Step 3), dann direkt darauf je 1 EL dunkle Creme. So fortfahren (Step 4), bis die Cremes aufgebraucht sind. Die Torte in 4–6 Stunden (oder am besten über Nacht) im Kühlschrank fest werden lassen.

4 Vor dem Servieren den Rand der Torte mit einem scharfen Messer vom Ring lösen, dann den Ring vorsichtig abnehmen. Gekühlt servieren.

SCHRITT FÜR SCHRITT
zur Mustertorte

1.

Gelatine darf niemals kochen, sonst verliert sie ihre Gelierkraft! Deshalb ziehe ich den Topf zunächst vom Herd und löse die gut ausgedrückte Gelatine erst dann in der heißen Milchcreme auf. Dabei rühre ich stetig.

2.

Ich teile die Quarkmasse in zwei gleich schwere Hälften. In die eine Hälfte gebe ich das Kakaopulver und rühre es so lange mit einem Schneebesen unter, bis die Creme gleichmäßig dunkel gefärbt ist.

3.

So entsteht das Zebramuster: An zwei ungefähr gleich weit vom Tortenrand entfernten Stellen gebe ich mit einem Esslöffel je einen Klecks helle Creme auf den Biskuitboden.

4.

Auf die hellen Cremekleckse gebe ich zwei dunkle Cremekleckse, darauf wieder zwei Kleckse helle Creme und so weiter. Durch das Schichten werden die Cremes immer weiter nach außen gedrückt und nach und nach entsteht automatisch das Zebramuster.

NO BAKE
CHOCOLATE MOUSSE CAKE

Für 1 Springform (20 cm ∅) • Zubereitung: ca. 45 Min. • Kühlen: mind. 6 Std. 30 Min.

Für den Boden:
300 g Butterkekse
160 g Butter
1 Prise Salz

Für die Füllung:
500 g Frischkäse
120 g Puderzucker
1 TL Vanilleextrakt
250 g Vollmilch-Schokolade
350 g Sahne

Für die Deko:
300 g Sahne
1 Pck. Sahnesteif
½ TL gemahlene Vanille
30 g Schokolade
Schokoblätter (s. S. 113)

1 Für den Boden die Butterkekse fein zerkrümeln oder im Mixer mahlen. Die Butter mit dem Salz in einem kleinen Topf schmelzen, dann gründlich mit den Kekskrümeln vermengen. Die Keksmasse gleichmäßig auf dem mit Backpapier ausgelegten Boden der Springform verteilen und gut festdrücken. Die Form ca. 30 Minuten kalt stellen.

2 Inzwischen für die Füllung den Frischkäse mit dem Puderzucker und dem Vanilleextrakt in einer Schüssel cremig rühren. Die Schokolade klein hacken und über dem heißen Wasserbad bei geringer Hitze schmelzen. Die geschmolzene Schokolade in die Frischkäsemasse rühren, bis eine homogene Creme entstanden ist. Die Sahne steif schlagen und unterheben. Die Füllung auf den Keksboden geben, gut verteilen und die Springform zwei- bis dreimal auf die Arbeitsfläche klopfen, damit sich die Masse gleichmäßig setzt. Die Oberfläche glatt streichen.

3 Den Chocolate Mousse Cake mindestens 6 Stunden, am besten jedoch über Nacht in den Kühlschrank stellen. Am nächsten Tag den Rand des Kuchens vorsichtig mit einem dünnen, spitzen Messer vom Rand der Springform lösen. Den Kuchen auf eine Tortenplatte setzen.

4 Für die Deko die Sahne mit dem Sahnesteif und der Vanille steif schlagen und in einen Spritzbeutel mit Tülle füllen. Die Schokolade mit einem Sparschäler in Späne hobeln. Den Kuchen mit aufgespritzter Sahne, Schokoblättern und -spänen dekorieren. Gekühlt servieren.

NUGAT-TIRAMISU-CHARLOTTE

Für 1 kleine Charlotte (ca. 18 cm ⌀) • Zubereitung: ca. 1 Std. • Kühlen: ca. 8 Std.

Für die Charlotte:

350 g Sahne
130 g Puderzucker
1 Pck. Vanillezucker
750 g Mascarpone
350 g Frischkäse
150 g Haselnuss-Nugat-Creme
400 g Löffelbiskuits
2 Tassen Espresso
300 g Zartbitter-Schokolade

Für die Deko:

200 g Sahne
Kakaopulver zum Bestäuben
1 Handvoll lange Schokoröll-
    chen (s. S. 112)

Außerdem:

Torten- oder hoher Springform-
    ring (ca. 18 cm ⌀)
Schleifenband (nach Belieben)
Olivenzweig

1 Für die Charlotte die Sahne mit dem Puderzucker und dem Vanillezucker steif schlagen. Den Mascarpone in einer großen Schüssel mit dem Frischkäse cremig rühren. Die Sahne unterheben. Etwa ein Drittel der Mascarponecreme in eine zweite Schüssel geben und gründlich mit der Haselnuss-Nugat-Creme verrühren (Step 1).

2 Den Tortenring auf einen Kuchenteller oder eine Tortenplatte stellen. Den Boden dicht an dicht mit Löffelbiskuits auslegen, dazu diese vorher kurz in den Espresso tunken. Die Hälfte der hellen Mascarponecreme gleichmäßig auf den Löffelbiskuits verteilen (Step 2). Darauf erneut eng nebeneinander in Espresso getränkte Löffelbiskuits schichten. Dann die Nugat-Mascarponecreme darauf verstreichen (Step 3). Wieder einige Löffelbiskuits in Espresso tauchen und gleichmäßig in die Form legen. Mit der übrigen hellen Creme abschließen und die Oberfläche glatt streichen. Die Charlotte über Nacht im Kühlschrank ziehen lassen.

3 Am nächsten Tag den Tortenringrand vorsichtig mit einem dünnen Messer von der Charlotte trennen und entfernen. Die Zartbitter-Schokolade klein hacken und langsam über einem heißen Wasserbad schmelzen. Die übrigen Löffelbiskuits jeweils mit der Spitze in die Schokolade tunken und rundum am Rand der Charlotte andrücken (Step 4).

4 Für die Deko die Sahne steif schlagen und in einen Spritzbeutel mit Lochtülle füllen. Die Sahne gleichmäßig in kleinen Tupfen auf die Oberfläche der Charlotte spritzen. Dann mit Kakaopulver bestäuben und mit Schokoröllchen dekorieren. Die Charlotte nach Belieben mit Schleife und mit einem Olivenzweig verzieren und gekühlt servieren.

SCHRITT FÜR SCHRITT
zum Tiramisu-Traum

1.

Damit die Charlotte sowohl optisch als auch geschmacklich noch mehr hermacht, nehme ich etwa ein Drittel der Mascarponemasse ab und verrühre sie mit Nuss-Nugat-Creme.

2.

Nachdem ich den Boden mit einer Schicht in Espresso getunkten Löffelbiskuits ausgelegt habe, fülle ich die Hälfte der hellen Mascarponecreme ein.

3.

Darauf schichte ich wieder eine Lage in Espresso getränkter Löffelbiskuits. Diese bestreiche ich gleichmäßig mit der Nuss-Nugat-Creme.

4.

Nach einer weiteren Schicht Löffelbiskuits fülle ich die restliche helle Creme ein und streiche sie schön glatt. Dann nehme ich mir noch den Rand der Torte vor, an den ich rundum senkrecht in Schokolade getunkte Löffelbiskuits drücke.

Kleine
VERSUCHUNGEN

Brownie-Törtchen, Zitronen-Macarons oder Schaumkusskekse ... Je kleiner
die Sünde, desto öfter darf man sie sich gönnen. Mara verrät in diesem
Kapitel ihre Lieblingsrezepte für Tartelettes, Törtchen und Kekse.

HIMBEER-VANILLE-TARTELETTES

Für 6 Tartelettes • Zubereitung: ca. 1 Std. • Kühlen: ca. 1 Std. 30 Min. • Backen: ca. 20 Min.

Für die Tartelettes:
120 g weiche Butter
30 g Puderzucker
1 Ei (M)
200 g Mehl
40 g gemahlene gehäutete
   Mandeln
1 Prise Salz

Für die Vanillecreme:
250 ml Milch
½ TL Vanilleextrakt
2 Eigelb (M)
15 g Zucker
15 g Speisestärke

Für die Deko:
350 g Himbeeren
18 kleine Baisers (s. S. 154)
Puderzucker zum Bestäuben

Außerdem:
Mehl zum Arbeiten
6 Tartelette-Ringe oder
   -Förmchen (ca. 12 cm ⌀)

1 Für die Tartelettes die Butter mit dem Puderzucker cremig rühren. Das Ei unterziehen. Mehl mit Mandeln und Salz mischen und zugeben. Alles zu einem glatten Teig verkneten. Den Teig zu einer Kugel formen, in Frischhaltefolie wickeln und ca. 30 Minuten kalt stellen.

2 Den Teig in sechs gleich große Stücke teilen. Jedes Teigstück auf der leicht bemehlten Arbeitsfläche ausrollen und die Tartelette-Ringe oder -Förmchen damit auslegen. Dabei auch einen kleinen Rand hochziehen und oben gerade abschneiden. Mit einer Gabel den Boden der Tartelettes mehrfach einstechen. Die Ringe oder Förmchen 1 Stunde kalt stellen.

3 Den Backofen auf 180° (160° Umluft) vorheizen. Die Tartelettes im heißen Ofen (Mitte) ca. 20 Minuten backen. Anschließend auskühlen lassen.

4 Inzwischen für die Vanillecreme die Milch mit dem Vanilleextrakt in einem Topf erwärmen. Eigelbe und Zucker verquirlen, dann die Speisestärke einrühren. Es dürfen keine Klümpchen mehr vorhanden sein. Sobald die Milch zu kochen beginnt, den Topf vom Herd nehmen. Die heiße Milch kurz stehen lassen, dann sofort die Eigelb-Zucker-Mischung zugießen, dabei durchgehend rühren. Den Topf zurück auf den Herd stellen und bei niedriger Temperatur erhitzen. Dabei stetig rühren, bis die Creme eindickt. Noch kurz weiterrühren, dann vom Herd nehmen.

5 Die Creme in eine Schüssel füllen und die Oberfläche mit Frischhaltefolie abdecken, sodass diese die Creme direkt berührt. So bildet sich während des Abkühlens keine Haut. Die zimmerwarme Creme glatt rühren, in einen Spritzbeutel füllen und gleichmäßig auf den Tartelettes verteilen.

6 Für die Deko die Himbeeren verlesen, bei Bedarf vorsichtig waschen, trocken tupfen und auf die Vanillecreme setzen. Die Tartelettes mit Baisers dekorieren und mit Puderzucker bestäubt servieren.

APFEL-FRANGIPANE-TARTELETTES

Für 6 Tartelettes • Zubereitung: ca. 45 Min. • Kühlen: ca. 30 Min. • Backen: ca. 25 Min.

Für die Schoko-Tartelettes:

110 g weiche Butter
40 g Puderzucker
1 Ei (M)
20 g Kakaopulver
1 Prise Salz
220 g Mehl

Für die Füllung:

50 g weiche Butter
50 g Zucker
1 Ei (M)
50 g gemahlene gehäutete
   Mandeln
3 weiche Äpfel

Für die Deko:

2 Stängel Minze
Puderzucker zum Bestäuben

Außerdem:

Mehl zum Arbeiten
6 Tartelette-Ringe oder
   -Förmchen (ca. 12 cm ⌀)

1 Für die Schoko-Tartelettes die Butter mit dem Puderzucker cremig rühren. Dann das Ei unterziehen. Kakaopulver, Salz und Mehl zugeben und alles zu einem glatten Teig verkneten. Den Teig in Frischhaltefolie wickeln und ca. 30 Minuten im Kühlschrank ruhen lassen.

2 Den Teig in sechs gleich große Stücke teilen. Jedes Teigstück auf der leicht bemehlten Arbeitsfläche rund ausrollen und die Tartelette-Ringe oder -Förmchen damit auslegen. Dabei auch einen kleinen Rand hochziehen und diesen oben gerade abschneiden. Die Ringe oder Förmchen bis zur Weiterverarbeitung in den Kühlschrank stellen.

3 Inzwischen den Backofen auf 180° (160° Umluft) vorheizen. Für die Füllung die weiche Butter mit dem Zucker einige Minuten cremig rühren. Das Ei unterziehen und die gemahlenen Mandeln unterrühren. Die Äpfel schälen, halbieren, entkernen und in dünne Scheiben schneiden.

4 Die Füllung in einen Spritzbeutel füllen und gleichmäßig in den Tartelettes verteilen. Die Apfelscheiben fächerförmig darauf anordnen. Die Tartelettes im heißen Ofen (Mitte) in 20–25 Minuten goldbraun backen.

5 Für die Deko die Minze abbrausen, trocken schütteln und die Blättchen abzupfen. Die Tartelettes vor dem Servieren mit etwas Puderzucker bestäuben und mit Minze garniert servieren.

FRUCHTIGE DEKO-IDEEN

Statt mit aufwendigen Mitteln kann man mit Beeren und Obst in Stücken und Scheiben Backwerke wunderbar dekorieren. Sie sind farbenfroh, haben unterschiedliche Formen und Größen und man kann daraus viele coole Muster legen.

Stachelbeeren

Kirschen

Rhabarber

Blaubeeren

Pfirsiche

Himbeeren

Aprikosen

Mango

Erdbeeren

Brombeeren

Apfel

Birne

Zitrusfrüchte

143

MILLE-FEUILLE MIT VANILLE-CREME UND HIMBEEREN

Für 4 Stück • Zubereitung: ca. 50 Min. • Kühlen ca. 30 Min. • Backen: ca. 20 Min.

Für die Vanillecreme:
2 Blatt Gelatine
2 Eigelb (M)
50 g Puderzucker
½ Vanilleschote
180 g Sahne
150 g Mascarpone

Für die Teigblätter:
1 Rolle Blätterteig (ca. 280 g;
   aus dem Kühlregal)
Puderzucker zum Bestäuben

Außerdem:
400 g Himbeeren
Puderzucker zum Bestäuben
4 Minzblätter

1 Für die Vanillecreme die Gelatine in kaltem Wasser einweichen. Eigelbe mit Puderzucker schaumig schlagen. Die Vanilleschote aufschlitzen und das Mark auskratzen. Sahne, Vanillemark und -schote in einem Topf aufkochen und noch heiß über die Eigelb-Zucker-Mischung gießen. Alles verrühren, in den Topf geben und einmal kurz aufkochen lassen. Dann sofort vom Herd nehmen. Die Vanilleschote entfernen. Die leicht ausgedrückte Gelatine zugeben und so lange rühren, bis sie sich aufgelöst hat. Die Vanillecreme vollständig auskühlen lassen und kalt stellen.

2 Den Backofen auf 180° (160° Umluft) vorheizen. Ein Backblech mit Backpapier auslegen. Den Blätterteig ausrollen und in zwölf gleich große Rechtecke schneiden. Die Teigblätter mit etwas Puderzucker bestäuben und im heißen Ofen (Mitte) in ca. 20 Minuten goldbraun backen. Die Teigblätter aus dem Ofen nehmen, sofort mit einem Bogen Backpapier belegen und mit einem Backblech beschweren, sodass sie leicht platt gedrückt und kompakter werden. Die Teigblätter auskühlen lassen.

3 Die gekühlte Vanillecreme aufschlagen. Den Mascarpone zugeben, unterrühren und die Creme in einen Spritzbeutel mit Lochtülle füllen. Die Himbeeren verlesen. Bei Bedarf vorsichtig waschen und trocken tupfen.

4 Für den Zusammenbau benötigt man pro Mille-feuille 3 Teigblätter. Auf ein Teigblatt in zwei Reihen Vanillecreme-Tupfen spritzen. Zwischen den Tupfen Platz für je 1 Himbeere lassen. Die Beeren zwischen die Tupfen setzen und mit Puderzucker bestäuben. Dann vorsichtig ein zweites Teigblatt darauflegen und wieder Vanillecreme aufspritzen, Himbeeren dazwischensetzen und Puderzucker darüberstäuben. Das dritte Teigblatt obenauf setzen, mit Puderzucker bestäuben und mit 1 Minzblatt dekorieren. Die übrigen Milles-feuilles ebenso zusammensetzen.

JOHANNISBEER-JOGHURT-MOUSSE-TÖRTCHEN

Für 6 Törtchen • Zubereitung: ca. 1 Std. 10 Min. • Kühlen: ca. 9 Std. • Backen: ca. 20 Min.

Für den Boden:
150 g weiche Butter
100 g Puderzucker
1 Prise Salz
30 g gemahlene Haselnusskerne
1 Ei (M)
250 g Mehl

Für die Joghurtmousse:
4 Blatt Gelatine
250 g griechischer Joghurt
1 Pck. Vanillezucker
200 g Sahne

Für das Johannisbeer-Baiser:
3 Eiweiß (M)
150 g Zucker
1 Pck. Vanillezucker
1 EL Johannisbeergelee

Für die Deko:
2 Handvoll Johannisbeeren
2 EL gehackte Pistazienkerne

Außerdem:
Mehl zum Arbeiten
6 Tartelette-Ringe oder
   -Förmchen (ca. 12 cm ⌀)
6 EL Johannisbeergelee

1 Für den Boden alle Zutaten miteinander verkneten, bis ein homogener Teig entstanden ist. Den Teig zu einer Kugel formen, in Frischhaltefolie wickeln und ca. 1 Stunde in den Kühlschrank stellen.

2 Den Teig in sechs gleich große Stücke teilen. Jedes Teigstück auf der leicht bemehlten Arbeitsfläche ausrollen und die Tartelette-Ringe oder -Förmchen damit auslegen. Dabei einen Rand hochziehen und oben gerade abschneiden. Mit einer Gabel die Tartelette-Böden mehrfach einstechen. Die Ringe oder Förmchen 1 Stunde kalt stellen.

3 Den Backofen auf 180° (160° Umluft) vorheizen. Die Tartelettes im heißen Ofen (Mitte) ca. 20 Minuten backen. Anschließend auskühlen lassen. Dann das Johannisbeergelee leicht erwärmen und glatt rühren. In jede Tartelette 1 EL Gelee geben und gleichmäßig auf dem Boden verteilen.

4 Für die Joghurtmousse die Gelatine in kaltem Wasser einweichen. Joghurt und Vanillezucker verrühren. Die Gelatine ausdrücken und in einem kleinen Topf nur leicht erwärmen, bis sie schmilzt (keinesfalls zu warm werden lassen!). Dann 1 EL Joghurtmasse unterrühren, anschließend die Gelatinemischung in die übrige Joghurtmasse geben und alles glatt rühren. Die Sahne halb steif schlagen und unter die Joghurtmasse heben. Die Mousse bis zum Rand in die Tartelettes füllen und glatt streichen. Die Törtchen über Nacht in den Kühlschrank stellen.

5 Für das Johannisbeer-Baiser die Eiweiße über einem heißen Wasserbad steif schlagen. Dabei Zucker und Vanillezucker einrieseln lassen. So lange weiterschlagen, bis sich die Zuckerkristalle komplett aufgelöst haben. Dann das glatt gerührte Johannisbeergelee untermischen. Das Baiser sofort in einen Spritzbeutel mit Lochtülle füllen und auf die Törtchen spritzen. Mit Johannisbeeren und Pistazien dekoriert servieren.

BROMBEER-TÖRTCHEN MIT KANDIERTEN BLÜTEN

Für 8 Törtchen • Zubereitung: ca. 1 Std. • Kühlen: mind. 5 Std. • Backen: ca. 14 Min.

Für die Tartelettes:

150 g weiche Butter
100 g Puderzucker
1 Prise Salz
30 g Kakaopulver
1 Ei (M)
250 g Mehl

Für die Brombeermousse:

2 Blatt Gelatine
120 g Brombeeren
120 g Mascarpone
1 Pck. Vanillezucker
20 g Zucker
50 g weiße Schokolade
100 g Sahne

Für die Deko:

2 Handvoll kleine lilafarbene
  Baisers (s. S. 154)
1 Handvoll Brombeeren
16 kandierte lilafarbene und
  weiße Hornveilchen (s. S. 51)

Außerdem:

Mehl zum Arbeiten
8 Tartelette-Ringe oder
  -Förmchen (ca. 8 cm ⌀)
Hülsenfrüchte zum Blindbacken

1 Für die Tartelettes alle Zutaten miteinander vermengen und zu einem glatten Teig verkneten. Den Teig zu einer Kugel formen, in Frischhaltefolie wickeln und ca. 1 Stunde im Kühlschrank ruhen lassen.

2 Den Backofen auf 180° (160° Umluft) vorheizen. Ein Backblech mit Backpapier auslegen. Den Teig auf der leicht bemehlten Arbeitsfläche dünn ausrollen und daraus Kreise für die Tartelette-Ringe oder -Förmchen ausstechen. Die Ringe oder Förmchen auf das Backblech setzen und die Teigkreise hineinlegen. Den Teig am Rand komplett hochziehen, überstehenden Teig mit einem scharfen Messer oben gerade abschneiden.

3 Die Böden mit einer Gabel einstechen und mit passend zugeschnittenen Backpapierkreisen belegen. Dann mit Hülsenfrüchten beschweren und im heißen Ofen (Mitte) 12–14 Minuten blindbacken. Backpapier und Hülsenfrüchte entfernen und die Tartelettes auskühlen lassen.

4 Für die Brombeermousse die Gelatine in kaltem Wasser einweichen. Die Brombeeren verlesen, bei Bedarf vorsichtig waschen und fein pürieren. Brombeerpüree, Mascarpone, Vanillezucker und Zucker verrühren. Die weiße Schokolade klein hacken, über dem heißen Wasserbad schmelzen und in die Beeren-Mascarpone-Masse rühren.

5 Die Gelatine tropfnass in einem Topf erwärmen (sie sollte nicht zu heiß werden). Sobald sie sich aufgelöst hat, vom Herd nehmen und 2 EL der Beerenmasse einrühren. Anschließend die Gelatinemischung in die übrige Beeren-Mascarpone-Masse rühren. Die Sahne steif schlagen und unterheben. Die Brombeermousse in die Tartelettes füllen und die Törtchen mindestens 4 Stunden in den Kühlschrank stellen.

6 Die Törtchen mit kleinen lilafarbenen Baisers, ein paar Brombeeren und kandierten Blüten dekorieren und sofort servieren.

LEMON-CHEESECAKE-TÖRTCHEN MIT BAISER

Für 6 Törtchen (bzw. 1 Springform, 24 cm ⌀) • Zubereitung: ca. 55 Min. • Kühlen: ca. 8 Std. • Backen: ca. 55 Min.

Für den Boden:
200 g Mehl
90 g Zucker
1 Ei (M)
90 g weiche Butter
1 Prise Salz

Für die Füllung:
1 Bio-Zitrone
300 g Frischkäse
300 g Magerquark
200 g Crème fraîche
200 g Sahne
100 g Zucker
1 Ei (M)
1 Pck. Vanillezucker
1 Pck. Vanillepuddingpulver

Für das Baiser:
4 Eiweiß (M)
130 g Puderzucker
1 Spritzer Zitronensaft

Für die Deko:
1 Bio-Zitrone

Außerdem:
Kreisausstecher (ca. 6 cm ⌀)
Flambierbrenner

1 Den Backofen auf 180° (160° Umluft) vorheizen. Die Form mit Backpapier auslegen. Für den Boden alle Zutaten miteinander verkneten. Den Teig mit den Händen gleichmäßig auf dem Boden der Springform verteilen und festdrücken. Ein Rand wird nicht benötigt.

2 Für die Füllung die Zitrone heiß waschen, trocknen und die Schale fein abreiben. Den Saft auspressen. In einer Schüssel alle weiteren Zutaten gut miteinander verrühren. Zitronensaft und -abrieb untermischen. Die Käsekuchenmasse auf den Teigboden gießen und glatt streichen.

3 Den Kuchen im heißen Ofen (Mitte) 45–55 Minuten backen, bis die Füllung auch in der Mitte fest und der Rand leicht gebräunt ist. Dann auskühlen und über Nacht im Kühlschrank ruhen lassen. Am nächsten Tag den Kuchen vorsichtig aus der Form lösen und daraus Kreise ausstechen.

4 Für das Baiser die Eiweiße mit Puderzucker und Zitronensaft steif schlagen. Das Baiser mithilfe eines Spritzbeutels mit Lochtülle ringsherum auf die ausgestochenen Käsekuchentörtchen spritzen. Dabei sollten schöne Spitzen auf den Tuffs entstehen. Mit einem Flambierbrenner das Baiser leicht abflämmen (alternativ kurz im heißen Backofen bei 180° Oberhitze bräunen lassen – aufpassen, das geht sehr schnell).

5 Für die Deko die Zitrone heiß waschen, trocknen und die Schale in Zesten oder feinen Röllchen abziehen. Die Törtchen damit dekorieren.

 **Tipp** Die nach dem Ausstechen übrig gebliebenen Teile des Käsekuchens kann man entweder pur naschen oder mit frisch geschlagener Sahne in Gläsern anrichten.

Feine säuerliche Note

CHEESECAKE-TÖRTCHEN MIT KIWI

Für 12 Törtchen (bzw. 1 eckige Backform, 24 × 24 cm) • Zubereitung: ca. 50 Min. • Kühlen: mind. 9 Std.

Für den Boden:
150 g Butterkekse
125 g Butter

Für die Cheesecake-Masse:
6 Blatt Gelatine
500 g Frischkäse
150 g griechischer Joghurt
150 g Mascarpone
3 EL Zitronensaft
80 g Zucker

Für den Kiwiguss:
4 Blatt Gelatine
8 Kiwis
2 EL Zucker

Für die Deko:
100 g Sahne
½ Pck. Sahnesteif
12 lange weiße Baiserstangen
 (s. S. 154)

1 Die Backform mit Backpapier auslegen. Für den Boden die Butterkekse fein zerkrümeln oder im Mixer mahlen. Die Butter in einem kleinen Topf schmelzen, dann gut mit den Kekskrümeln vermengen. Die Keksmasse gleichmäßig in der Form verteilen und festdrücken.

2 Für die Cheesecake-Masse die Gelatine in kaltem Wasser einweichen. Den Frischkäse mit griechischem Joghurt, Mascarpone, Zitronensaft und Zucker cremig rühren. Die Gelatine tropfnass in einem Topf erwärmen, bis sie geschmolzen ist (nicht zu heiß werden lassen). Dann den Topf vom Herd nehmen und 2 EL der Frischkäsemasse einrühren. Anschließend die Gelatinemischung in die übrige Cheesecake-Masse rühren. Die Füllung auf dem Boden verteilen und die Form über Nacht kalt stellen.

3 Für den Kiwiguss die Gelatine in kaltem Wasser einweichen. Die Kiwis schälen, pürieren und mit dem Zucker in einem Topf aufkochen. Das Kiwipüree 2 Minuten köcheln lassen, dann vom Herd nehmen. Die Gelatine ausdrücken und unter die noch heiße Kiwimasse rühren, bis sie sich aufgelöst hat. Den Guss gleichmäßig auf dem Cheesecake verteilen und alles erneut mindestens 2 Stunden in den Kühlschrank stellen.

4 Den Cheesecake aus der Form lösen und mit einem scharfen Messer in zwölf gleich große längliche Törtchen schneiden. Für die Deko die Sahne mit dem Sahnesteif steif schlagen und in einen Spritzbeutel mit Lochtülle füllen. Auf jedes Törtchen auf einer Seite einen kleinen Tuff spritzen, anschließend je 1 lange Baiserstange schräg darauflegen.

152

SCHÖNES AUS *Baiser*

1. BAISERTUPFEN UND BAISERSTANGEN

3 Eiweiße mit 1 Prise Salz steif schlagen. Dabei 150 g Zucker einrieseln lassen und alles zu festem, glänzendem Baiser schlagen.

Eine Hälfte nach Belieben mit Lebensmittelfarbe einfärben. Dafür die Farbe gleichmäßig unter das Baiser heben.

Das Baiser in Tuffs und Stangen auf ein mit Backpapier ausgelegtes Blech spritzen. Bei 100° in 2–3 Stunden im Ofen trocknen lassen.

2. BUNTE BAISERS

In einem Spritzbeutel am unteren Ende mehrere bunte Streifen mit Lebensmittelfarbe ziehen.

Das Baiser (s. oben) in den Beutel füllen und auf ein Blech spritzen.

Das Blech in den Ofen geben und die Tuffs bei 100° in 2–3 Stunden trocknen lassen.

3. ZWEIFARBIGE BAISERS

Eine Hälfte des Baisers (s. links) mit Lebensmittelfarbe färben. Dann die weiße und die gefärbte Masse auf je einen Spritzbeutel verteilen.

Die Inhalte beider Spritzbeutel gleichzeitig in einen dritten Spritzbeutel schieben, sodass dieser zweifarbig gefüllt ist.

Das zweifarbige Baiser als Rosen auf ein mit Backpapier ausgelegtes Blech spritzen. Bei 100° in 2–3 Stunden im Ofen trocknen lassen.

4. ROYAL ICING

1 Eiweiß mit 1 Spritzer Zitronensaft steif schlagen. Dabei nach und nach 250 g Puderzucker einrühren.

Die fertige Baisermasse sollte schön glänzen und beim Herausziehen der Rührhaken kleine Spitzen bilden.

Das Baiser nach Belieben mit Lebensmittelfarbe einfärben. Mit einem Spritzbeutel mit sehr kleiner Tülle auf Kekse oder Gebäck spritzen.

BLONDIE-TÖRTCHEN MIT ZITRONE

Für 9 Törtchen (bzw. 1 eckige Backform, 24 × 24 cm) • Zubereitung: ca. 50 Min. • Backen: ca. 25 Min.

Für die Blondies:

400 g weiße Schokolade
175 g Butter
200 g Zucker
4 Eier (L)
200 g Mehl

Für die Zitronencreme:

1 Bio-Zitrone
400 g Magerquark
3 EL Puderzucker
250 g Sahne
2 Pck. Sahnesteif

Für die Deko:

5 TL Lemon Curd (ersatzweise
    glatt gerührtes Zitronengelee)
1 Bio-Zitrone
9 Zitronen-Macarons (s. S. 166)

1 Den Backofen auf 180° (160° Umluft) vorheizen. Die Backform mit Backpapier auslegen. Für die Blondies 300 g weiße Schokolade grob, 100 g Schokolade fein hacken. Die Butter mit der grob gehackten Schokolade in einem Topf erhitzen und unter Rühren schmelzen. Dann in eine Schüssel geben und mit dem Zucker verrühren. Die Eier nacheinander unterschlagen. Das Mehl auf die Butter-Ei-Masse sieben und kurz untermischen. Die fein gehackte Schokolade unterheben.

2 Den Teig in die Form füllen, glatt streichen und im heißen Ofen (Mitte) ca. 25 Minuten backen. Stäbchenprobe machen! Die Blondies auskühlen lassen, aus der Form lösen und in neun gleich große Stücke schneiden.

3 Für die Zitronencreme die Zitrone heiß waschen, trocknen und die Schale fein abreiben. Den Magerquark mit dem Puderzucker und dem Zitronenabrieb cremig rühren. Die Sahne mit dem Sahnesteif steif schlagen. Dann die Quarkmischung unterrühren. Die Creme in einen Spritzbeutel mit Lochtülle füllen und Tuffs auf die Blondies spritzen.

4 Für die Deko einige Tuffs mit einem Teelöffel leicht flach drücken, sodass kleine Mulden entstehen. Das Lemon Curd in einen Spritzbeutel mit kleinem Ausgang füllen und in die Mulden spritzen. Die Zitrone heiß waschen, trocknen und die Schale fein abreiben oder in Zesten abziehen. Die Blondies mit je 1 Macaron und Zitronenschale dekorieren.

BROWNIE-TÖRTCHEN

Für 6 Törtchen (bzw. 1 Springform, 28 cm ⌀) • Zubereitung: ca. 50 Min. • Backen: ca. 35 Min.

Für die Brownies:

150 g Zartbitter-Kuvertüre
150 g Vollmilch-Kuvertüre
300 g Butter
6 Eier (M)
390 g Zucker
1 Pck. Vanillezucker
200 g Mehl
50 g Kakaopulver
60 g gemahlene Mandeln

Für den Überzug:

400 g Zartbitter-Kuvertüre
200 g gehackte Mandeln

Für die Creme:

90 g Zartbitter-Kuvertüre
30 g Butter
60 g saure Sahne
150 g Puderzucker

Für die Deko:

6 Schokoladenspiralen
  (s. S. 113)
Essbares Goldpuder (nach
  Belieben)

Außerdem:

Fett für die Form
Kreisausstecher (ca. 8 cm ⌀)

1 Den Backofen auf 180° (160° Umluft) vorheizen. Die Springform fetten. Für die Brownies die Zartbitter- und die Vollmilch-Kuvertüre klein hacken und zusammen mit der Butter in einem Topf schmelzen.

2 Die Eier mit dem Zucker und dem Vanillezucker in einer Schüssel schaumig schlagen. Die Kuvertüre-Butter-Mischung unterrühren. Mehl, Kakao und gemahlene Mandeln vermengen und unterheben.

3 Den Teig in die Springform füllen, glatt streichen und im heißen Ofen (Mitte) 30–35 Minuten backen. Stäbchenprobe machen! Die Brownies nicht länger als nötig backen, damit sie saftig bleiben. Anschließend auskühlen lassen und mit einem Ausstecher große Kreise ausstechen.

4 Für den Überzug die Zartbitter-Kuvertüre klein hacken und über dem heißen Wasserbad langsam schmelzen. Dann die gehackten Mandeln unterrühren und die Törtchen damit überziehen.

5 Für die Creme die Zartbitter-Kuvertüre klein hacken und mit der Butter über dem heißen Wasserbad schmelzen. Vom Herd nehmen und kurz abkühlen lassen. Die saure Sahne und den Puderzucker unterrühren. Die Creme in einen Spritzbeutel mit Lochtülle füllen und auf die ausgekühlten Brownies spritzen. Die Törtchen mit den Schokoladenspiralen dekorieren und nach Belieben mit etwas essbarem Goldpuder bestäuben.

Tipp

Für einen glänzenden Überzug zwei Drittel der Kuvertüre über dem heißen Wasserbad auf ca. 45° erhitzen. Übrige Kuvertüre zugeben und unter Rühren schmelzen, dabei sollte die Temperatur auf ca. 28° sinken. Die flüssige Kuvertüre erneut auf ca. 30° erwärmen – jetzt hat sie einen schönen Glanz.

SCHOKO-KARAMELL-TARTELETTES

Für 8 Tartelettes • Zubereitung: ca. 1 Std. • Kühlen: mind. 5 Std. 20 Min. • Backen: ca. 15 Min.

Für die Tartelettes:

210 g Mehl
150 g weiche Butter
70 g Zucker
15 g Kakaopulver
1 Prise Salz

Für das Karamell:

100 g Zucker
1 Pck. Vanillezucker
100 g Sahne
20 g Butter

Für die Schokoladenschicht:

320 g Zartbitter-Kuvertüre
260 g Sahne
60 ml Espresso
70 g Butter
1 Prise Salz

Für die Deko:

Karamellsplitter (s. S. 50)

Außerdem:

Mehl zum Arbeiten
8 Tartelette-Ringe oder
  -Förmchen (ca. 8 cm ⌀)
Hülsenfrüchte zum Blindbacken

1 Für die Tartelettes alle Zutaten verkneten. Den Teig zu einer Kugel formen, in Frischhaltefolie wickeln und ca. 1 Stunde kalt stellen.

2 Den Teig in acht gleich große Stücke teilen, auf der leicht bemehlten Arbeitsfläche ausrollen und die Tartelette-Ringe oder Förmchen damit auslegen. Überstehende Ränder gerade abschneiden. Die Böden mit einer Gabel einstechen und die Förmchen 20 Minuten kalt stellen. Inzwischen den Backofen auf 180° (160° Umluft) vorheizen. Die Tartelettes mit zugeschnittenen Backpapierkreisen belegen, mit Hülsenfrüchten beschweren und im heißen Ofen (Mitte) 12–15 Minuten blindbacken.

3 Für das Karamell den Zucker mit dem Vanillezucker in einem Topf karamellisieren lassen. Sobald sich der Zucker aufgelöst hat und goldbraun ist, die Sahne zugießen. Dann so lange rühren, bis die Karamellmasse wieder flüssig ist. Den Topf vom Herd nehmen und die Butter unterrühren. Das Karamell kurz abkühlen lassen, dann die Tartelettes bis zur Hälfte damit füllen. Das Karamell vollständig auskühlen lassen.

4 Für die Schokoladenschicht die Kuvertüre sehr klein hacken. Die Sahne mit dem Espresso in einem kleinen Topf aufkochen. Den Topf vom Herd nehmen und die klein gehackte Kuvertüre mit der Butter in der heißen Sahnemischung unter Rühren auflösen. Die Schokoladenmasse kurz abkühlen lassen, dann die Tartelettes damit bis zum oberen Rand füllen und mindestens 4 Stunden (oder einfach über Nacht) kalt stellen. Für die Deko in jede Tartelette ein paar Karamellsplitter stecken.

SCHAUMKUSSKEKSE MIT KARAMELL

Für 1 Blech • Zubereitung: ca. 1 Std. 15 Min. • Kühlen: mind. 1 Std. • Backen: ca. 10 Min.

Für die Keksböden:

280 g Mehl
200 g weiche Butter
100 g Zucker
1 Ei (M)
1 geh. EL Kakaopulver

Für das Karamell:

60 g Zucker
50 g Sahne
25 g Butter
1 Prise Salz

Für die Schaumkussmasse:

2 Eiweiß (M)
1 Prise Salz
100 g Zucker
1 Pck. Vanillezucker
½ TL Weinsteinbackpulver

Für den Schokoüberzug:

200 g Zartbitter-Kuvertüre
  (ersatzweise Vollmilch-
  Kuvertüre)
1 TL Kokosöl

Außerdem:

Mehl zum Arbeiten

1 Den Backofen auf 190° (170° Umluft) vorheizen. Für die Keksböden alle Zutaten zu einem glatten Teig verkneten. Den Teig zu einer Kugel formen, in Frischhaltefolie wickeln und mindestens 1 Stunde kalt stellen. Auf der leicht bemehlten Arbeitsfläche ausrollen und kleine Kreise daraus ausstechen. Die Kreise auf ein mit Backpapier ausgelegtes Backblech legen und im heißen Ofen (Mitte) 8–10 Minuten backen. Auskühlen lassen.

2 Für das Karamell den Zucker in einem Topf goldgelb karamellisieren lassen. Aufpassen, dass es nicht zu dunkel wird und anbrennt! Das Karamell mit Sahne ablöschen. So lange unter Rühren weiterköcheln lassen, bis die Masse wieder flüssig ist. Butter und Salz untermischen. Das Karamell noch kurz köcheln, dann vom Herd nehmen und vollständig auskühlen lassen. Je länger man das Karamell köcheln lässt, desto fester wird es.

3 Für die Schaumkussmasse die Eiweiße mit dem Salz über einem heißen Wasserbad steif schlagen. Dabei Zucker und Vanillezucker einrieseln lassen und so lange weiterschlagen, bis sich die Zuckerkristalle komplett aufgelöst haben (das kann 10–15 Minuten dauern). Dann das Backpulver unterrühren, bis die Baisermasse schön kompakt ist (Step 1). Die Schaumkussmasse sofort in einen Spritzbeutel mit Lochtülle füllen und gleichmäßig auf die ausgekühlten Keksböden spritzen (Step 2).

4 Das Karamell kurz durchrühren und in einen Spritzbeutel mit sehr kleiner Lochtülle geben. Dann in die Mitte der Schaumkussmasse jeweils eine kleine Portion Karamell füllen (Step 3).

5 Die Schaumküsse kalt stellen. Inzwischen für den Schokoüberzug die Kuvertüre klein hacken und über dem heißen Wasserbad schmelzen. Kokosöl einrühren und kurz abkühlen lassen. Die Kuvertüre in ein Gefäß mit Ausguss geben und die Schaumküsse damit übergießen (Step 4). Die Kekse abtropfen und auf einem Bogen Backpapier trocknen lassen.

SCHRITT FÜR SCHRITT
zu gefüllten Schokoküssen

1.

Für mein Baiser rühre ich zum Schluss noch etwas Weinsteinbackpulver unter. Das verleiht den Schaumkusskeksen noch mehr Stabilität.

2.

Das Baiser fülle ich in einen Spritzbeutel mit Lochtülle. Dann spritze ich die Schaumkussmasse gleichmäßig auf die gut ausgekühlten Keksböden auf.

3.

Zum Füllen der Schaumküsse spritze ich das Karamell mithilfe einer feinen Tülle mittig in die Schaummasse. Ich beginne dabei unten am Keksboden und ziehe anschließend die Tülle vorsichtig senkrecht heraus.

4.

Für den Schokoüberzug stelle ich die Schaumkusskekse auf ein Gitter mit einer Backform darunter. So kann ich die ablaufende Schokolade auffangen und noch weiterverwenden.

Zart & köstlich

ZITRONEN-MACARONS

Für ca. 25 Stück • Zubereitung: ca. 50 Min. • Backen: ca. 14 Min. • Kühlen: mind. 4 Std.

Für die Macaronschalen:

100 g gemahlene gehäutete
 Mandeln
150 g Puderzucker
2 Eiweiß (M)
20 g Zucker
Gelbe Lebensmittelfarbe

Für die Füllung:

100 g weiße Kuvertüre
50 g Sahne
½ Vanilleschote
40 ml Zitronensaft
25 g kalte Butter

Außerdem:

Macaron-Backmatte
 (optional)

1 Für die Macaronschalen die Mandeln mit dem Puderzucker mischen und in eine Schüssel sieben. Die Eiweiße steif schlagen. Sobald der Eischnee etwas fester wird, langsam den Zucker einrieseln lassen und weiterschlagen. Dann ein Drittel der Mandel-Puderzucker-Mischung zum Eischnee geben und unterheben, bis eine glatte homogene Masse entstanden ist. Dann wieder ein Drittel Mandelmischung unterheben. Mit dem Rest ebenso verfahren und alles behutsam vermischen. Die gewünschte Menge der gelben Lebensmittelfarbe untermengen.

2 Den Teig in einen Spritzbeutel füllen und auf eine Macaron-Backmatte oder ein mit Backpapier ausgelegtes Backblech als gleichmäßige Kreise aufspritzen. Die Teigkreise ca. 30 Minuten stehen und antrocknen lassen. Dieser Schritt ist wichtig, damit die Macaronoberfläche trocknet und die Schalen beim Backen nicht reißen, sondern schön glatt bleiben.

3 Inzwischen den Backofen auf 140° Umluft vorheizen. Die Macaronschalen im heißen Ofen (Mitte) 13–14 Minuten backen. Anschließend auskühlen lassen und vorsichtig vom Untergrund lösen.

4 Für die Füllung die weiße Kuvertüre klein hacken und in eine Schüssel geben. Die Sahne aufkochen und über die Kuvertüre gießen. So lange rühren, bis die Kuvertüre komplett geschmolzen ist. Die Vanilleschote auskratzen. Den Zitronensaft und das Vanillemark in die Schokoladenmasse rühren und alles mit einem Pürierstab fein mixen. Dann die kalte Butter zugeben und erneut gut durchmixen, bis sich alles gut verbunden hat. Die Füllung mindestens 4 Stunden kalt stellen.

5 Die Zitronenfüllung erneut durchrühren, dann in einen Spritzbeutel mit Loch- oder Sterntülle füllen und die Hälfte der Macaronschalen damit füllen. Die zweite Hälfte der Schalen daraufsetzen.

So pretty & yummy

HIMBEER-BAISER-ROSEN

Für ca. 30 Kekse • Zubereitung: ca. 50 Min. • Trocknen: ca. 3 Std.

Für die Baisers:
4 Eiweiß (M)
1 Prise Salz
200 g feiner Zucker
Rosa Lebensmittelfarbe

Für die Füllung:
100 g weiche Butter
180 g Puderzucker
1 Pck. Vanillezucker
90 g Himbeermarmelade
   ohne Kerne

1 Den Backofen auf 100° (80° Umluft) vorheizen. Zwei Backbleche mit Backpapier auslegen. Für die Baisers die Eiweiße mit dem Salz schlagen. Dabei nach und nach den Zucker einrieseln lassen und so lange weiterschlagen, bis die Masse schön glänzt und fest ist. Der Zucker sollte sich vollständig aufgelöst haben, das dauert ein paar Minuten.

2 Die Baisermasse auf zwei Schüsseln verteilen. Das Baiser in einer Schüssel mit Lebensmittelfarbe mischen, bis die gewünschte Farbe erreicht ist. Jede Baisermasse in einen Einweg-Spritzbeutel füllen. Beide Spitzen wegschneiden und sowohl das weiße als auch das rosa Baiser gleichzeitig in einen dritten Spritzbeutel mit Sterntülle schieben. So erhält man zweifarbiges Baiser (s. auch S. 155).

3 Die Baisers als Rosen auf die Bleche spritzen. Dafür mit einem Tupfer Baiser in der Mitte beginnen und dann einen Kringel ringsherum spritzen. Die Baiser-Rosen in 2–3 Stunden im warmen Ofen trocknen lassen. Währenddessen die Ofentür ab und an kurz öffnen, damit die Feuchtigkeit entweichen kann. Anschließend die Baiser-Rosen auskühlen lassen.

4 Für die Füllung die weiche Butter in einer Schüssel mit dem Puderzucker und dem Vanillezucker schaumig rühren. Die Marmelade nach und nach unterrühren. Die Himbeerfüllung in einen Spritzbeutel mit Loch- oder Sterntülle füllen und auf die Hälfte der ausgekühlten Baiser-Rosen spritzen. Die andere Hälfte der Baisers daraufsetzen.

GINGER-BREAD-HERZEN MIT ROYAL ICING

Für 2 Bleche • Zubereitung: ca. 1 Std. • Backen: ca. 15 Min. (pro Blech)

Für den Teig:

250 g Honig
120 g brauner Zucker
100 g Butter
500 g Mehl
1 EL Lebkuchengewürz
¼ TL Zimtpulver
¼ TL gemahlener Ingwer
1 EL Kakaopulver
1 Pck. Backpulver
1 Ei (M)

Für das Royal Icing:

1 Eiweiß (M)
1 Spritzer Zitronensaft
250 g Puderzucker

Außerdem:

Mehl zum Arbeiten
Herzausstecher

1 Den Backofen auf 180° (160° Umluft) vorheizen. Für den Teig Honig mit braunem Zucker und Butter in einem Topf bei geringer Hitze erwärmen, bis Zucker und Butter geschmolzen sind. Vom Herd nehmen.

2 Mehl mit Lebkuchengewürz, Zimt, Ingwer, Kakao und Backpulver mischen. Honigmasse und Ei zugeben. Alles mehrere Minuten zu einem homogenen, kompakten Teig verkneten. Den Teig auf der leicht bemehlten Arbeitsfläche ca. 4 mm dick ausrollen und daraus Herzen ausstechen.

3 Die Herzen auf mit Backpapier ausgelegten Backblechen verteilen und im heißen Ofen (Mitte) 13–15 Minuten backen. Auskühlen lassen.

4 Für das Royal Icing das Eiweiß mit dem Zitronensaft steif schlagen. Dabei nach und nach den Puderzucker einrieseln lassen und so lange weiterrühren, bis der Eischnee eine cremige Konsistenz hat und kleine Spitzen bildet. Ist das Baiser zu fest geraten, einfach noch einen weiteren Spritzer Zitronensaft einrühren (s. auch S. 155).

5 Das Royal Icing in einen Spritzbeutel mit sehr kleiner Lochtülle füllen und die Ginger-Bread-Herzen damit verzieren. Gut trocknen lassen.

Essbare Kunstwerke

BLÜTENKEKSE

Für 2 Bleche • Zubereitung: ca. 30 Min. • Kühlen: ca. 30 Min. • Backen: ca. 14 Min. (pro Blech)

250 g Mehl
120 g Zucker
1 Pck. Vanillezucker
120 g weiche Butter
1 Ei (M)

Außerdem:

Mehl zum Arbeiten

Kreisausstecher in verschiedenen Größen

Essbare Blüten (z. B. Stiefmütterchen, Hornveilchen, Kornblumen, Gänseblümchen, Holunder, Lavendel, Löwenzahn oder Chrysanthemen)

1 Das Mehl mit dem Zucker und dem Vanillezucker in einer Schüssel vermengen. Die weiche Butter und das Ei zugeben und alles zu einem glatten Teig verkneten. Den Teig zu einer Kugel formen, in Frischhaltefolie wickeln und ca. 30 Minuten in den Kühlschrank stellen.

2 Den Backofen auf 180° (160° Umluft) vorheizen. Den Teig auf der leicht bemehlten Arbeitsfläche ca. 4 mm dick ausrollen und daraus Kreise in verschiedenen Größen ausstechen (Step 1). Auf jeden Teigkreis mittig eine essbare Blüte legen und diese leicht festdrücken (Step 2).

3 Die Kekse mit einem Bogen Backpapier abdecken und die Blüten mithilfe eines Nudelholzes ganz leicht in den Teig rollen, damit sie darauf haften bleiben (Step 3). Das Backpapier entfernen und die mit Blüten belegten Teigkreise auf mit Backpapier ausgelegte Bleche verteilen (Step 4). Die Kekse im heißen Ofen (Mitte) in 12–14 Minuten goldbraun backen.

SCHRITT FÜR SCHRITT
zu farbenfrohen Plätzchen

1.

Nachdem ich den Teig gleichmäßig dünn ausgerollt habe, steche ich Kreise in unterschiedlichen Größen daraus aus. Die Teigreste knete ich im Anschluss wieder zusammen und rolle und steche sie erneut aus.

2.

Auf jeden Teigkreis lege ich eine der Größe entsprechende Blüte und drücke diese leicht in den Teig.

3.

Nun bedecke ich die mit Blüten belegten Teigkreise mit einem Bogen Backpapier und rolle mit einem Nudelholz vorsichtig darüber. So haften die Blüten später beim Backen besser am Teig.

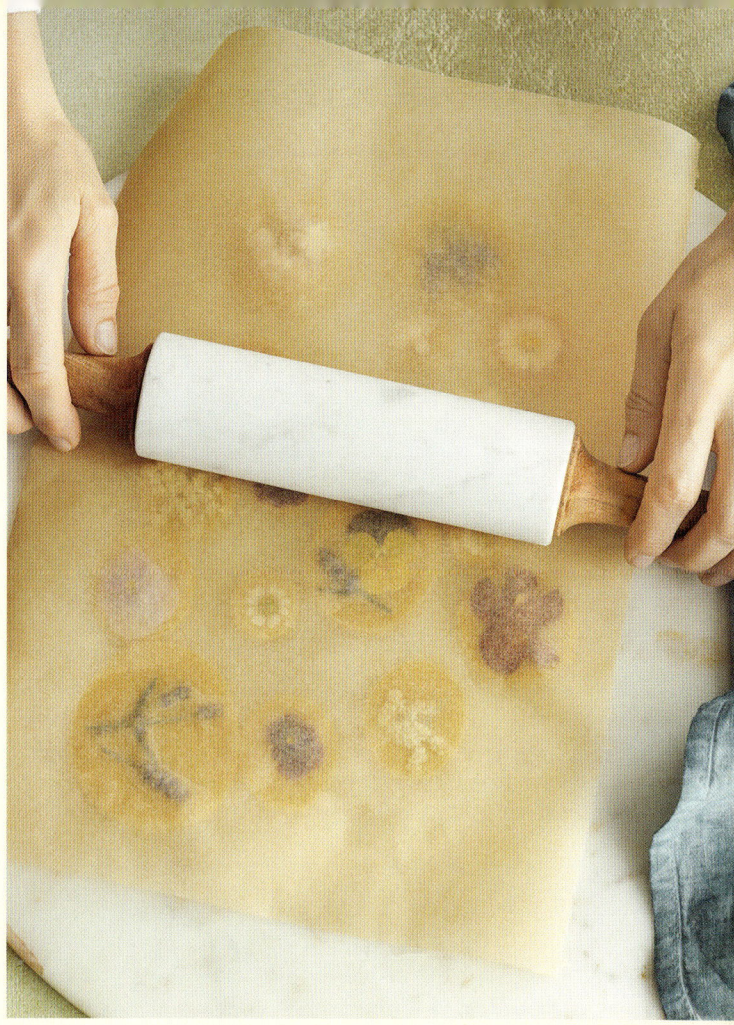

4.

Im Anschluss löse ich die Kekse am besten mit einer dünnen Winkelpalette oder einem Messer von der Arbeitsfläche und verteile sie mit etwas Abstand zueinander auf dem mit Backpapier ausgelegten Backblech.

MANDELRAUTEN MIT GETROCKNETEN BLÜTEN

Für ca. 30 Rauten • Zubereitung: ca. 35 Min. • Kühlen: ca. 1 Std. • Backen: ca. 10 Min. (pro Blech)

Für die Kekse:

300 g Mehl
100 g gemahlene gehäutete Mandeln
150 g Puderzucker
1 Prise Salz
1 Pck. Vanillezucker
200 g weiche Butter
1 Ei (M)
½ TL Bittermandelaroma

Für den Guss:

250 g Puderzucker
1 Schuss Milch
Rosa Lebensmittelfarbe
1–2 Tropfen Bittermandelaroma (nach Belieben)

Für die Deko:

Getrocknete Blütenblätter zum Bestreuen

Außerdem:

Mehl zum Arbeiten

1 Für den Teig das Mehl mit Mandeln, Puderzucker, Salz und Vanillezucker mischen. Dann die weiche Butter, das Ei und das Bittermandelaroma zugeben und alles zu einem glatten Teig verkneten. Den Teig zu einer Kugel formen, in Frischhaltefolie wickeln und ca. 1 Stunde kalt stellen.

2 Den Backofen auf 180° (160° Umluft) vorheizen. Den Teig auf der leicht bemehlten Arbeitsfläche zu einem großen ca. 4 mm dicken Rechteck ausrollen. Dann mit einem Messer zu Rauten schneiden. Dafür zunächst schräg von oben links nach unten rechts im Abstand von ca. 4 cm parallel über die ganze Fläche Streifen in den Teig schneiden. Anschließend ebenso von rechts oben nach links unten Streifen in den Teig schneiden.

3 Die Rauten mit etwas Abstand zueinander auf mit Backpapier ausgelegten Blechen verteilen. Dann im heißen Ofen (Mitte) in 8–10 Minuten goldbraun backen. Anschließend gut auskühlen lassen.

4 Für den Guss Puderzucker und Milch glatt rühren. Dann etwas Lebensmittelfarbe einrühren, sodass man einen zartrosa Guss erhält. Diesen nach Belieben mit Bittermandelaroma verfeinern. Die Mandelrauten in den Guss tunken, kurz abtropfen lassen und auf einen Bogen Backpapier legen. Mit getrockneten Blütenblättern bestreuen und trocknen lassen.

Butterkekse mal anders

MARMORIERTE KEKSE

Für 3 Bleche • Zubereitung: ca. 35 Min. • Kühlen: ca. 20 Min. • Backen: ca. 10 Min. (pro Blech)

Für den Teig:
375 g weiche Butter
190 g Zucker
5 Eigelb (M)
500 g Mehl

Für den Guss:
250 g Puderzucker
3–4 EL Milch
1 TL Vanilleextrakt
Lebensmittelfarbe (Farbe nach
  Belieben)

Außerdem:
Mehl zum Arbeiten
Keksausstecher in verschiede-
  nen Größen und Formen

1 Für den Teig alle Zutaten glatt verkneten. Den Teig zu einer Kugel formen, in Frischhaltefolie wickeln und ca. 20 Minuten in den Kühlschrank stellen. Den Backofen auf 180° (160° Umluft) vorheizen.

2 Den Teig auf der leicht bemehlten Arbeitsfläche ausrollen und daraus verschiedene Kekse ausstechen. Die Kekse mit genügend Abstand zueinander auf mit Backpapier ausgelegten Backblechen verteilen und im heißen Ofen (Mitte) 8–10 Minuten backen. Auskühlen lassen.

3 Für den Guss den Puderzucker mit der Milch und dem Vanilleextrakt glatt rühren. Für den Marmoreffekt 2–3 EL Zuckerguss abnehmen und mit Lebensmittelfarbe einfärben. Dann den eingefärbten Zuckerguss mithilfe eines Löffels oder einer Gabel kreuz und quer (ähnlich wie ein Gitter) auf den weißen Zuckerguss träufeln. Die Kekse vorsichtig in das Gussgitter tauchen, sodass die Keksoberfläche komplett bedeckt ist. Anschließend auf einem Bogen Backpapier trocknen lassen.

GEFLOCHTENE KEKSE

Für 2 Bleche • Zubereitung: ca. 50 Min. • Kühlen: ca. 30 Min. • Backen: ca. 12 Min. (pro Blech)

500 g Mehl
300 g weiche Butter
160 g Zucker
1 Pck. Vanillezucker
2 Eier (M)
1 Prise Salz
50 g Kakaopulver

Außerdem:
Mehl zum Arbeiten
Kreisausstecher

1 Alle Zutaten bis auf das Kakaopulver zu einem glatten Teig verkneten. Den Teig halbieren und die eine Teighälfte so lange mit dem Kakao verkneten, bis der Teig gleichmäßig dunkel gefärbt ist. Beide Teige zu einer Kugel formen, in Frischhaltefolie wickeln und ca. 30 Minuten kalt stellen.

2 Den Backofen auf 180° (160° Umluft) vorheizen. Zwei Backbleche mit Backpapier auslegen. Beide Teige getrennt voneinander auf der leicht bemehlten Arbeitsfläche zu einem ca. 4 mm dicken Quadrat ausrollen. Die Teige in ca. 1 cm breite gleichmäßige Streifen schneiden.

3 Die hellen Streifen längs nebeneinander legen. Dabei jeden zweiten Streifen ca. 1 cm weiter nach unten ziehen. Dann jeden zweiten Streifen einmal mittig nach oben umklappen. Einen dunklen Teigstreifen quer in die Mitte auf die nicht eingeklappten Streifen legen (Step 1). Die umgeklappten Streifen nun zurückklappen, sodass sie über dem dunklen Teigstreifen liegen. Diesen Vorgang so lange wiederholen, bis alle dunklen Teigstreifen eingeflochten sind (Step 2 und 3).

4 Anschließend aus der geflochtenen Teigplatte mit dem Ausstecher Kreise ausstechen (Step 4). Den restlichen Teig zusammenkneten, ausrollen, ausstechen und mitbacken. Die Teigkreise auf die Backbleche verteilen. Die Kekse im heißen Ofen (Mitte) 10–12 Minuten backen.

Tipp

Alternativ kann man die geflochtene Teigplatte auch einfach mit einem Messer in Quadrate oder Rauten schneiden, so bleiben keine Teigreste übrig.

SCHRITT FÜR SCHRITT
zu geflochtenen Plätzchen

1.

Zum Flechten lege ich die hellen Streifen längs vor mich. Jeden zweiten Streifen ziehe ich etwas nach unten. Nun klappe ich die anderen Streifen mittig nach oben um und lege unter den Knick quer einen dunklen Streifen.

2.

Die umgeklappten hellen Streifen klappe ich über den dunklen Streifen nach unten. Dann klappe ich erneut jeden zweiten hellen Streifen nach oben und flechte einen zweiten dunklen Streifen ein.

3.

Sobald ich am unteren Ende angelangt bin, klappe ich nun von oben jeden zweiten hellen Teigstreifen nach unten. Dann lege ich einen dunklen Streifen über den Knick und klappe die hellen Streifen nach oben zurück.

4.

Aus der geflochtenen Teigplatte steche ich mit einem runden Ausstecher Plätzchen aus. Teigreste knete ich zusammen. Dann rolle ich den Teig einfach aus und steche daraus Plätzchen aus.

FENSTERGLASKEKSE

Für 2 Bleche • Zubereitung: ca. 40 Min. • Kühlen: ca. 1 Std. • Backen: ca. 14 Min. (pro Blech)

Für den Teig:

220 g weiche Butter
200 g Zucker
1 Pck. Vanillezucker
1 Prise Salz
2 Eier (M)
380 g Mehl

Für die Füllung:

200 g feste bunte Zuckerbonbons ohne Füllung

Außerdem:

Mehl zum Arbeiten
2 Sternausstecher in unterschiedlichen Größen

1 Für den Teig alle Zutaten glatt kneten. Den Teig zu einer Kugel formen, in Frischhaltefolie wickeln und ca. 1 Stunde kalt stellen.

2 Den Backofen auf 180° (160° Umluft) vorheizen. Zwei Backbleche mit Backpapier auslegen. Den Teig auf der leicht bemehlten Arbeitsfläche ausrollen und mit dem größeren Ausstecher daraus Kekse ausstechen. Diese auf dem Blech verteilen. Mit dem kleineren Ausstecher daraus jeweils in der Mitte ebenfalls Kekse ausstechen. Den übrigen Teig zusammenkneten, erneut ausrollen und ebenso ausstechen.

3 Für die Füllung die Bonbons sehr klein hacken oder kurz im Mixer zerkleinern. Dann in der Mitte der Kekse verteilen. Die Kekse im heißen Ofen (Mitte) 12–14 Minuten backen, bis sich die Bonbonmasse in der Mitte der Kekse aufgelöst und gleichmäßig verteilt hat. Die Fensterglaskekse komplett auskühlen lassen, dann vom Backpapier lösen.

Tipp

Sollte sich die Bonbonmasse beim Backen nicht gleichmäßig im Inneren der Kekse verteilen, kann man direkt im Anschluss mit einer kleinen Gabel oder Ähnlichem nachhelfen, solange die Masse noch heiß ist.

DIE AUTORIN:

Mara Hörner backt und kocht schon seit ihrer Kindheit leidenschaftlich gerne. Die Rechtsanwältin ist Gründerin von LIFE IS FULL OF GOODIES, einem der beliebtesten Foodblogs Deutschlands. Seit 2013 schreibt sie dort über die kleinen oder größeren Dinge, die das Leben schöner machen, und teilt ihre erprobten Rezepte, Tipps für den Garten sowie Reiseempfehlungen und andere Lifestyle-Themen.

www.lifeisfullofgoodies.com

DIE FOTOGRAFIN:

Katrin Winner fand ihre berufliche Erfüllung, indem sie ihre Leidenschaft für gutes Essen mit ihrer künstlerischen Kreativität verband. Seit 2018 betreibt sie ihr Atelier für Food-Fotografie in München. Für dieses Buch wird sie tatkräftig von Gerlinde Hans (Foodstyling) unterstützt.

www.katrinwinner.de

REGISTER

APPETIT AUF MEHR?

ISBN 978-3-8338-7542-7

ISBN 978-3-8338-8025-4

ISBN 978-3-8338-7832-9

ISBN 978-3-8338-8287-6

ISBN 978-3-8338-7222-8

ISBN 978-3-8338-7074-3

Mehr von GU auf **www.gu.de** und **f** **facebook.com/gu.verlag**

IMPRESSUM

© 2022 GRÄFE UND UNZER VERLAG GmbH, Postfach 860366, 81630 München

GU ist eine eingetragene Marke der GRÄFE UND UNZER VERLAG GmbH, www.gu.de
ISBN 978-3-8338-8605-8
1. Auflage 2022

Projektleitung: Linh Nguyen
Lektorat: Christin Geweke
Innenlayoutgestaltung: independent Medien-Design, München, ki36 Editorial Design, Sabine Krohberger, München
Umschlaggestaltung: ki36 Editorial Design, Sabine Krohberger, München
Herstellung: Martina Koralewska
Satz: Christopher Hammond
Repro: medienprinzen GmbH
Druck: Firmengruppe APPL, aprinta druck, Wemding
Bindung: Conzella, Pfarrkirchen
Printed in Germany

Umwelthinweis:
Nachhaltigkeit ist uns sehr wichtig. Der Rohstoff Papier ist in der Buchproduktion hierfür von entscheidender Bedeutung. Daher ist dieses Buch auf PEFC-zertifiziertem Papier gedruckt. PEFC garantiert, dass ökologische, soziale und ökonomische Aspekte in der Verarbeitungskette unabhängig überwacht werden und lückenlos nachvollziehbar sind.

Bildnachweis:
alle Rezept- und Stepbilder: Katrin Winner
Autorenfoto auf S. 7, 8 & 22: Timm Engel
Illustration: Dreamtime
Syndication: www.seasons.agency

Backofen-Hinweis:
Unsere Temperaturangaben, wenn es nicht anders angegeben wird, beziehen sich auf das Backen im Elektroherd mit Ober- und Unterhitze. Die Backzeiten können je nach Herd variieren. Details entnehmen Sie bitte der Bedienungsanleitung Ihres Backofens.

Die GU-Homepage finden Sie unter www.gu.de